btb

Buch

Johann Georg Tinius besitzt eine verblüffende Stärke: sein phänomenales Gedächtnis. Und eine schicksalhafte Schwäche: seine leidenschaftliche Liebe zu Büchern. 1813 wird Tinius diese Schwäche endgültig zum Verhängnis. Denn in diesem Jahr nimmt man ihn wegen doppelten Mordverdachts fest, entkleidet ihn seiner geistlichen Ämter und verurteilt ihn in einem Indizienprozeß zu einer langjährigen Zuchthausstrafe, ohne daß er jemals gestanden hätte. Doch damit ist die mysteriöse Geschichte des Johann Georg Tinius noch nicht zu Ende: Beinah zweihundert Jahre später begibt sich Reinhold Falk auf die Spuren dieses Bibliomanen und versucht hinter das Geheimnis seiner ebenso ungewöhnlichen wie tödlichen Bücherwut zu kommen. Doch während er die alten Schriften entziffert, gerät unversehens Falks eigenes Leben aus den Fugen und die Welt vor seiner Türe aus dem Blick. Bis er schließlich in Tinius' Büchern eine verhängnisvolle Prophezeiung entdeckt. Sie ist an ihn ganz persönlich adressiert – und es geht darin um den Untergang der zivilisierten Welt.

Autor

Klaas Huizing, geboren 1958, promovierte in Theologie und Philosophie. Er arbeitete als Akademischer Rat am Lehrstuhl für Systematische Theologie an der Universität München, bevor er sich 1993 habilitierte. Nach *Oberreit oder: Der Geschichtsleser* ist *Der Buchtrinker* sein zweiter Roman, der 1994 von den Kritikern als die literarische Entdeckung des Jahres gefeiert wurde. Mit *Paradise* ist bei Albrecht Knaus Huizings dritter Roman in Vorbereitung.

Klaas Huizing

Der Buchtrinker
Zwei Romane
und neun Teppiche

btb

Umwelthinweis:
Alle bedruckten Materialien dieses Taschenbuches
sind chlorfrei und umweltschonend.

btb Taschenbücher erscheinen im Goldmann Verlag,
einem Unternehmen der Verlagsgruppe Bertelsmann.

1. Auflage
Genehmigte Taschenbuchausgabe Juni 1996
Copyright © 1994 by Albrecht Knaus Verlag GmbH, München
Umschlaggestaltung: Design Team München
Umschlagillustration: Peter Klaucke, Frechen
Satz: Filmsatz Schröter, München
T.T. · Herstellung: Ludwig Weidenbeck
Made in Germany
ISBN 3-442-72014-1

*Für Olaf Reinmuth,
der mich auf die Spur des
Magister Tinius
gesetzt hat*

Inhalt

Höfliche Einladung, genauer zu lesen 11

Die undichte Welt der Kinderbücher 13
Er packt seinen Bücherkoffer aus und verschwindet in der weißen Wand 21

Erster Teppich: Die Schrift ist ein Waisenknabe 28

Die Metaphysik des Eigennamens 32
Er flaniert in Schwabing und besteigt den Bücherberg 40

Zweiter Teppich: Gott ist ein Schriftsteller 47

Das Gedächtnis als Löschpapier 52
Er ritzt Texte in die Hirnrinde und entdeckt den Charme des Dreisatzes 59

Dritter Teppich: Wie man lernen soll 65

Von Freitischen und Chorknaben 69
Er kauft eine U-Bahnfahrkarte und erfährt das Schicksal zweier Bücher 76

Vierter Teppich: Bücher haben Gesichter 82

Rhetorik der Armut 85
Er spaziert durch den Text und rutscht in einem Nebensatz aus 91

Fünfter Teppich: Lesen verändert 98

Der penible Heirater	103
Er entläßt die Freundin und geht mit seinem Lieblingsbuch ins Bett	110
Sechster Teppich: Bücher sind Mätressen	119
Der korrekte Mörder	123
Er spielt Bilder nach und ersteigert beinahe ein Buch	131
Siebter Teppich: Schauspiellehre durch Geschichten	138
Der nackte Pastor	142
Er imprägniert sich und spielt mit der Maus	148
Achter Teppich: Das Publikum ist ein Pfau	156
Die Genealogie der Gefängnismoral	160
Er packt alles ein und fliegt auf dem zehnten Teppich davon	166
Neunter Teppich: Die Kunst zu lesen	172
Noli me tangere	175
Fliegende Teppiche hinterlassen keine Spuren	181
Postscriptum: Eine Postkarte an Herrn Derrida	187
Lateinische Zitate und Begriffe	188
Die Teppiche	189

Ich dachte lange an den Magister Tinius, den Bücherverfallenen, der mit seinem Hammer durch die öden Heiden des Fläming schlich: wenn Andere das Geld haben, und er braucht doch die Bücher?!

   ARNO SCHMIDT, *Das steinerne Herz*

Höfliche Einladung, genauer zu lesen

Foppt uns dieses Gesicht? Lügt das Bildnis?) Mein erster Eindruck: eine ehrliche Haut. (Das sagen Sie leichthin. Lesen Sie bitte in dem Gesicht einmal genauer.) Höchst bieder und hausväterlich. Langweilig und bedeutungslos. Engstirnig. Ohne Wärme die Augenpartie. Der Nasenrücken gerade und fest. Der Mund: ohne viel Schwung. Willensstarkes Kinn. Überaus korrekt gebürstet das lange Haar. Alles in allem: ein eher typischer Vertreter der Zeit. Nicht mehr ganz unser Geschmack. Ein Remittendengesicht. (Versuchen Sie es anders. Betrachten Sie das Bildnis aus unterschiedlicher Entfernung. Oder decken Sie jeweils eine Gesichtshälfte mit der Handfläche ab.) Allenfalls ein Schuß Unerbittlichkeit im Blick. Und um den Mund huscht ein Zug von Verbissenheit. Ich zweifle. Also: Ich bin fast sicher. Mich hat der erste Eindruck doch getäuscht. Es ist nur die Maske des Biedermanns. Ein geborgtes Gesicht. (Nur weiter. Sie müssen in dem Gesicht schwimmen.) Natürlich: Ich hatte den stechenden Blickstrahl unterschätzt. Ein Abgrund. Gleichermaßen gefühllos und leidenschaftlich. Oder? (Weiter. Nur weiter.) Und ist nicht die kaum merkliche Falte über dem linken Auge überaus verräterisch? Eine zuhöchst pathologische Gierfalte? (Gleich haben Sie es! Weiter!) Der

Mann geht über Leichen! (Na endlich. Jetzt verstehen Sie zu lesen. Diesem Mann werden Sie nicht mehr auf den Leim gehen. Sie sind der ideale Leser seines merkwürdigen Lebens.)

Die undichte Welt der Kinderbücher

> Kinder, wenn sie Geschichten sich ausdenken, sind Regisseure, die sich vom «Sinn» nicht zensieren lassen.
>
> WALTER BENJAMIN

Johann Georg Tinius roch so, wie alle Säuglinge rochen. (Sie verstehen den Satz doch? Diese dezente Anspielung? Sie soll verhindern, daß sie als Leser falsche Erwartungen hegen. Dieser Roman erzählt zwar die Lebensgeschichte eines bibliomanen Mörders. Eines Mörders aus Bücherwut. Denken Sie aber bitte nicht an ein Nachtstück. Einen Thriller letztendlich. Nein. Nein. Weit gefehlt. In diesem Roman geht es beinahe ganz harmlos zu. Kein Kannibalismus-Ende. Kaum Blut. Jugendbuchtauglich. Hier interessiert die skurrile Logik des Täters. Die Einseitigkeit seiner Begabung. Das athletische Gedächtnis. Damit Sie in die richtige Stimmung kommen, betone ich noch einmal ganz nachdrücklich: Johann Georg Tinius roch ganz normal. Er ermordete auch keine Töchter im Schatten junger Mädchenblüte, sondern eine alte, fünfundsiebzigjährige Frau. Und wie Frauen dieses Alters riechen, darüber ist in der Literatur noch wenig bekannt. Allerdings konnte Tinius am Geruch von Büchern die jeweilige Druckerei treffsicher bestimmen. Doch dazu vielleicht später.) Herzte man ihn, dann roch seine Haut wie frisch geschlagenes Birkenholz. An Sonntagen verströmte Johann Georg einen milden Zimtduft, weil seine Mutter immer — wie viele andere Mütter auch — einige Nelkenblüten in dem oberen Umschlag der Windel vergrub. Jeder Taufgast, der ihn einmal kurz auf den Arm genommen hatte, setzte sich mit zufriedener Miene an den langen Tisch in der großen Diele und machte sich über seinen Teller Dickbein her, den es im Hause Tinius zu jedem Tauffest gab. Es gab oft Dickbein.

Ich, Johann Georg Tinius, bin der zweite Sohn von 9 Kindern aus Einer Ehe, wovon noch sechse leben, geboren am 22. October 1764 auf einem Landhause in der Mühle bei dem Niederlausitzischen Flecken Staako, das auf der sächsischen Seite liegt, wo mein Vater, Johann Christian, als Aufseher über die königlich preußischen Schäfereien in den Aemtern Buchholz und Krausnigk, damals im Sommer sich aufhielt.

Johann Georg Tinius hatte das Glück, nicht der Älteste zu sein. Johann Georg Tinius hatte das Pech, daß ihm noch sieben Kinder folgten. Schlag auf Schlag.
   Die lärmenden Statisten:
   1. Friederich, der Älteste.
   3. Johann Elias, genannt Eli.

4. August Wilhelm, verstarb, als Johann Georg sieben war.
5. Frieda, äußerst nervig. Aber Liebling des Vaters.
6.–9. Jakob, Christian, Hanna, Gottfried – von Johann Georg nur noch als quengelndes Knäuel wahrgenommen.

Reisenden erschien das an der Mühle sich anlehnende Haus geräumig. Drinnen herrschte oft Enge. Nicht nur an Raum. Sondern auch an Ruhenischen, denn hier schrie ein Bruder, dort nörgelte eine Schwester, oder Friederich, der Älteste, wollte sich mit Johann Georg balgen, um nach dem Sieg ein Ruhegeld zu verlangen. Mindestens einmal wöchentlich suchte Johann Georg deshalb ausgewaschene Steine am unteren Mühlteich, die er seinem Bruder nach dessen Sieg mit ausdruckslosem Gesicht überließ. Danach holte er immer seine hölzerne Wassermühle, die ihm sein Vater zu Weihnachten gebastelt hatte, aus einem Verschlag, wo er sie vor seinen Geschwistern stets in Sicherheit brachte. Drehte er an der kleinen Kurbel des Mühlrades, dann ging hinten ein kleiner Hammer auf und nieder. Jedesmal wenn er aufschlug, gab es ein leise klopfendes Geräusch. Drehte er behutsam schneller, dann erhöhte sich der Schlagrhythmus und zugleich das Pulsen der Phantasie. Der dumpfe Klang entführte ihn langsam aus der dunklen Ecke des Zimmers in das Innere einer bizarren Traumwelt. Oft fand seine Mutter ihn hockend mit ausgebreiteten Armen und wippenden Händen, einem jungen Vogel gleich, vor seiner hölzernen Traummaschine. Immer fühlte sie dann seinen erhitzten Kopf auf Fieber ab, ohne jemals wirkliches Fieber an ihm zu entdecken. Johann Georg fliegt wieder, pflegte sie dann zu sagen, nahm ihn auf den Arm, drückte ihn und schaute ihn mit ihrem himmelklaren Angesicht an. Prompt platzte eines der Geschwister herein, weil es seine Mutter suchte.

Am 15. November 1769 brachte der Vater, der auf einer Auktion in einem kleinen Dorf der sächsischen Niederlausitz Erntegeräte ersteigert hatte, ein dickes, in Leder eingebundenes Buch mit nach Hause. Seitdem verstaubte die Traummaschine. Offensichtlich war das Buch ganz neu. Keine Ecke abgestoßen. Die Einlegekordel noch nicht ausgefranst. Das Stoßband oben und unten ohne Flecken. Im Nu wälzte das frische Leder die abgestandene Luft der guten Stube um. Friederich, als er das Zimmer betrat, wollte sofort seine neuen Stiefel für den nahenden Winter ausprobieren, die er eingetroffen glaubte.

Johann Georg saß auf dem Schoß seiner Mutter – deren Bauch spannte sich in diesen Wochen zum vorletzten Mal –, als der Vater den Deckel aufklappte und mit seiner schweren Zunge den Titel verlas:

«Sittensprüche des Buchs Jesus Sirach für Kinder und junge Leute aus allen Ständen mit Bildern welche die vornehmsten Wörter ausdrücken».

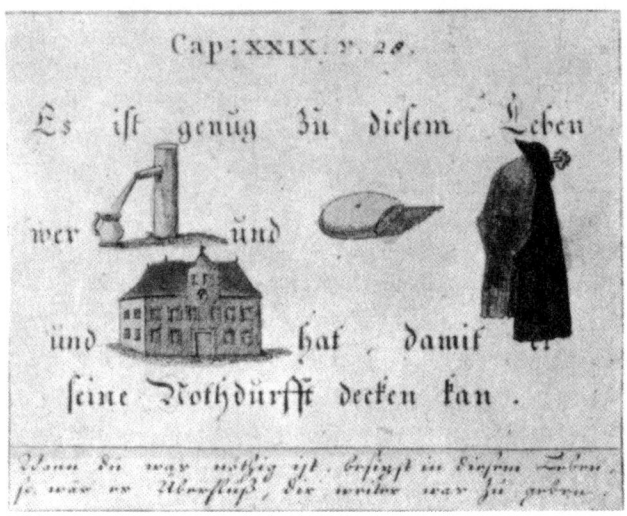

Sitzend auf dem Schoß seiner Mutter sah Johann Georg die Buchstaben, die er noch nicht entziffern konnte, und verstand doch dank der Bilder den Sinn der Geschichten. Hier tauchte ein Kind auf, dann folgten einige Buchstaben, dann eine Rute, dann wieder Buchstaben, zwei glückliche Gesichter. Nicht schwer zu erraten. Oder Wasser, Brot, Kleider und Haus. Ein schönes und großes Haus, wie Johann Georg fand. Auch hier die Sirach-Weisheit ganz einfach: «Es ist genug zu diesem Leben, wer Wasser und Brot, Kleider und Haus hat, damit er seine Nothdurft decken kann.»

Allabendlich in den Wintermonaten nahm der Vater das Buch und las genau diesen Spruch nach dem Essen vor. Nur bei Johann Georg hielt sich trotz unzähliger Wiederholungen der Glanz auf den Augen. Es war sein Nachtisch. (Wenn aber Bücher Lebensmittel sind, worin besteht dann der biochemische Tiefensinn dieses Spruches aus Jesus Sirach? Warum hat Tinius ihn nicht beherzigt und mehr Bücher getrunken und verschlungen, als für das einfache Leben nötig war? Er hätte es doch besser wissen müssen! Oder wie denken Sie darüber?)

Johann Georg wuchs mit diesem Buch auf. Immer wenn er es in der höher gelegenen Kammer der Mutter aufklappte – und seine Mutter erlaubte nur ihm – meinem kleinen Büchernarren, wie sie sagte – (ich bitte Sie, stellen Sie sich diesen Satz einmal auf sächsisch vor, das dürfen Sie jetzt nach der Wiedervereinigung ganz unbefangen tun), zog er einen Schleier vor die sichtbare Welt. Alle Farben seiner Alltagswelt verblichen, wie von Seife ausgewaschen, wenn er in den illustrierten Substantiva verschwand und die bunte Welt des Buches durchstreifte. Hier war er kindlicher Priester, der die Dinge wie zu Anbeginn der Welt benennen konnte. Schlug er eine Seite um, dann brachte ihm das Buch neue Bilder dar. Er tastete sie mit den Augen ab, roch an ihnen und taufte sie auf einen Namen. Noch im hohen Alter nannte er Brücke einfach Verbund. (Kennen Sie übrigens die Kindergeschichte von Peter Bichsel, in der ein Alter aus Langeweile die Dinge neu benennt, bis ihn keiner mehr versteht? Sollten Sie bald lesen. Unbedingt.)

Als Johann Georg einmal mit Nesselfieber im Bett bleiben mußte, gab ihm die Mutter wieder das Buch und konnte ihn dann stundenlang ohne Aufsicht lassen. Wie in Quarantäne schloß sie ihn einfach in seinen Bildergeschichten ein. Und in der Tat: Keines der anderen Kinder erkrankte in den folgenden Wochen an Nesselfieber. Erst nachdem die Mutter ihm nach zwei Wochen Bettruhe das Buch, als er kurz unachtsam war, weggenommen hatte, erklärte er sich schließlich bereit, das Bett, in dem er vor den anderen sicher gewesen war, wieder zu verlassen.

Gegen die Vertreibung aus seinem Bilderparadies wehrte er sich erfolgreich. Als er längst zu buchstabieren verstand und ihm die Addition der einzelnen Buchstaben zum Wortleib gelang, trat sofort das Bild seiner Kinderfibel vor sein geistiges Auge. Und die abstrakten Buchstaben träumte er in die Tiere zurück, durch die sie in seiner ersten ABC-Fibel dargestellt wurden: Das A durch den Aal, das B durch den Bär, das D durch den Dachs. (Sie merken: Ich umschiffe das C.) Selbst die Bilder, die in den einzelnen Geschichten eher zufällig zusammentrafen, gehörten später immer zusammen. (Nur wer dieses seltsame Ordnungs- und Reihungsschema durchschaut hat, kann in der Kaufsucht des späteren Magisters ein Prinzip entdecken. Doch dazu später.)

Rief ihn seine Mutter, trat er durch die schwere Tür aus Sirach 29, Vers 28 – manchmal sprang er auch übermütig aus dem Fenster des zweiten Stocks und humpelte danach prompt – wieder in die verwaschene Welt der Gegenwart ein. (Seien Sie doch einmal ehrlich. Ist Johann Georg unsympathisch? Erkennen Sie hier bereits Züge des späteren Mörders? Denken Sie doch einmal an andere Kinder, die Sie kennen. Nun?)

Er packt seinen Bücherkoffer aus und verschwindet in der weißen Wand

> In den Büchern zeigte sich mir eine andere Realität des Lebens als die, in die meine Eltern und Lehrer mich pressen wollten.
>
> Peter Weiss

Falk Reinhold packte seine Bibliothek aus. Er hatte seine Bücher in einem abgewetzten braunen Schiffskoffer verstaut, den er letzten Sommer auf einem Kieler Flohmarkt erstanden hatte. Zu teuer, wie sein Freund meinte. Aber Reinhold durfte man auf Geldfragen nicht ansprechen. Dann wurde er mürrisch. Schlagartig verwelkte seine Stimmung. Sorgfältig, vielleicht sogar übertrieben vorsichtig nahm er jedes Buch in die linke Hand, staubte es mit seinem Stofftaschentuch – Papiertaschentücher verabscheute er – vorsichtig ab und stellte es, ohne daß der untere Bücherrand über das Regalbrett schurrte, andächtig auf sein Bücherbord. Bevor er ein neues Buch aus dem Koffer aufnahm, wusch er sich gewissenhaft die Hände und kontrollierte die Fingernägel, um keine Flecken und Kratzspuren auf dem Einband zurückzulassen. Bücher mit Dünndruckseiten, die den kalten Schweiß der Finger begierig aufsogen und die Umschlagstellen auf ewig markierten, öffnete er seit Jahren nur mit weißen Baumwollhandschuhen, die ein Arzt ihm einmal zum Schutz gegen ein juckendes Ekzem verschrieben hatte. Falk Reinhold packte aus:

1. Rainer Maria Rilke: Werke. (In Schmuckkassette)
2. Christan Morgenstern: Galgenlieder. (Rücken leicht vergilbt)
3. Franz Kafka: Hochzeitsvorbereitungen auf dem Lande. (Erstauflage)
4. Martin Heidegger: Sein und Zeit. (Das Geschenk eines Lehrers)
5. Johann Wolfgang (von) Goethe: Hamburger Ausgabe. (Im V. Band ein loses Blatt geklebt)
6. Hermann Hesse: Der Steppenwolf. (Thema seiner Abiturprüfung)
7. Robert Musil: Der Mann ohne Eigenschaften. (Ledereinband!)
8. Walter Benjamin: Einbahnstraße. (Mit der Widmung eines Freundes)
9. Altes und Neues Testament. (Von seiner Mutter in den Koffer geschmuggelt)
10. Martin Buber: Ich und Du. (Vor zwei Jahren im Leistungskurs Philosophie gelesen)
11. Uwe Johnson: Jahrestage. (Alle Bände, in neuwertigem Zustand)
12. Wolfgang Hildesheimer: Marbot. (In Folie eingeschweißt)
13. Thomas Bernhard: Auslöschung. (Im Schuber)

14. Botho Strauß: Marlenes Schwester. (Deckelhälften leider leicht gestaucht)
15. Günter Grass: Der Butt. (Mit Notizen seiner Schwester)
16. Peter Handke: Der kurze Brief zum langen Abschied. (In zwei Ausgaben.)
17. Jean Paul Sartre: Das Sein und das Nichts. (Der Schutzumschlag hatte im Koffer einen ärgerlichen Riß bekommen.)
18. Der Struwwelpeter. (Leicht fleckig)
19. Patrick Süskind: Das Parfüm. (Sein Schmöker)
20. Cees Nooteboom: Rituelen. (Niederländische Originalausgabe)
21. Ovid: Metamorphosen. (Mit eingelegten Zetteln)

Frierend wie ein Tautropfen im November hatte Reinhold stundenlang in der Bibliothek seines Vaters gestanden, um diese zwanzig Bücherposten auszusortieren. Mehrmals den Schiffskoffer ein- und wieder ausgepackt. Raymond Chandlers «Die Tote im See» gewählt und wieder verworfen. Enzensbergers «Verteidigung der Wölfe» landete wiederholt auf einem undankbaren einundzwanzigsten Platz. (Wie man an der eingeschmuggelten Bibel sah... Ich muß den Satz nicht aussprechen.) Prousts «Auf der Suche nach der verlorenen Zeit» war zu umfangreich ausgefallen. Er hätte sonst auf den halben Goethe verzichten müssen. Auf Vollständigkeit von Gesamtausgaben aber bestand Reinhold.

Der Held seiner Spätpubertät (aber sparen wir dieses delikate Thema lieber aus) hieß Schnier (Hans Schnier, wenn ich mich recht erinnere). Reinhold wollte sich aber nicht länger mit seinen alten Identitätsidealen belasten und ließ mit diesem Buch seine langwierige Pubertät im Bücherschrank seines Vaters zurück. Zwar öffnete Reinhold noch einmal die Tür zur Bibliothek, als er im Frühjahr – sein Vater war zur Kur gefahren – seine Mutter besuchte, aber weil ihn das immer nach vergilbtem Schweiß riechende Zimmer an die Ängste seiner Pubertät erinnerte, übertrat er die Schwelle nicht noch einmal.

Mit der zufälligen Ordnung der ausgepackten Bücher war Reinhold unzufrieden. Aber auch auf ein chronologisches Reihungsschema wollte er sich nicht einlassen. Sie schienen ihm alle gleichzeitig. Dann ordnete er alle Bücher nach dem sechsteiligen Farbenkreis an. Dadurch aber bekam sein geliebter Goethe einen schlechten Platz. Also das Alphabet. Zunächst glaubte sich Reinhold am Ziel. Benjamin. Ein guter Anfang. Erst dann erkannte er die Einbahnstraße. Mußte er die Bibel, wo sie nun einmal da war, nach Benjamin einstellen, oder mußte er das Alte Testament an den ersten Platz rücken? Aber er konnte die Bibel doch nicht einfach zerschneiden. Er, Reinhold der Büchernarr doch nicht! Ohne das Neue gäbe es auch kein Altes Testament. (So naiv war er nicht.) Also nach Benjamin? Nein! Das ging ganz und gar nicht. Die Bibel hieß nun einmal Das Buch (er konnte auch nichts für die Urbedeutung des Wortes, also bitte) und ließ sich deshalb nicht an zweiter Stelle einordnen. Eine Bibliothek in der Bibliothek. Unmöglich. Reinhold entschloß sich, das Buch, weil es sich partout nicht einfügen wollte, auf den Nachtschrank zu legen, wie er es in Hotelzimmern schon öfter gesehen hatte. Als er es aber dort liegen sah, argwöhnte er, seine Mutter könnte genau das bezweckt haben (aber lassen wir zunächst auch die Mutter aus dem Spiel), deshalb nahm er die Bibel wieder vom Nachtschrank und legte sie in den Schiffskoffer, den er anschließend auf den wackligen Kleiderschrank hievte. (Drei Tage später landete dieses volkstümliche Kultbuch allerdings wieder auf seinem Schreibtisch, weil ihn ein Drama, das er gerade süchtig las, an diese Vorlage erinnerte. Ja, ja. Seine Mutter kannte ihn eben doch am besten. Sie werden sie noch kennenlernen.)

Neuneinhalb Quadratmeter maß sein Zimmer. Reinhold, der in einem riesigen, dreigeschossigen Haus aufgewachsen war, mußte sich in diese Enge erst einwohnen. Sein Vater hatte sein Budget denkbar knapp bemessen. Vielleicht, weil Falk den Karriereplänen, die er für ihn geschmiedet hatte, nicht folgte. Vielleicht, weil Falk unbedingt in einer fremden Stadt am anderen Ende der Republik Philologie studieren wollte, und nicht in seiner Heimatstadt. Vielleicht auch aus Gewohnheit, weil seine erzieherischen Bemühungen sich stets darauf beschränkt hatten, Falk finanziell an der kurzen Leine zu halten. Nicht einmal den Wunsch, ihm eine große Kiste mit Büchern nachzuschicken, erfüllte er ihm. Sein eigenes Verhältnis zu Büchern war eher belastet. Die Bibliothek hatte er von seinem Schwiegervater übernommen und mit einer gewissen Pietät auch pflegen lassen. Sobald er aber ein Buch aufschlug, meldete sich fast automatisch seine Hausstauballergie. Er nieste jedesmal fünfmal laut auf, schneuzte sich, ließ das Buch fallen und rannte – dieser dicke Mann, der sich immer wie ein überladener Lastkahn bewegte und den man sonst nie rennen sah – fluchtartig aus der Bibliothek. Monatlich wiederholte sich die Szene, und der kleine Falk sammelte die Bücher, auf die sein Vater besonders allergisch reagiert hatte. Im Jahre 1972 etwa waren es Bücher von Thomas Mann, Heine, Jünger, Turgenjew, Brod, Tolstoi – der Urlaubsmonat blieb frei –, ein Schauspielführer, Böll, ein Jahrgang Der Spiegel, Siegfried Lenz und Dostojewski. (Erkennen Sie hier einen tieferen Zusammenhang?)

Reinhold saß auf seinem Bett. Neben ihm lag aufgeschlagen der Struwwelpeter. Noch immer kannte er die Geschichten auswendig. Alle Geschichten als Kind durchträumt, durchlitten und immer wieder gemalt. Am liebsten den fliegenden kleinen Jungen am stechend roten Schirm, der auf jedem Bild kleiner wurde, die weiße Kirche – noch heute erkannte er in allen Kirchen diese wieder – und die grünen Felder unter sich zurücklassend, dabei gejagt von einer schwarzen Wolke, die alle Spuren hinter ihm wegwusch. Fasziniert vom Fliegen und noch in der Phantasie erschrocken vor Heimweh, war Reinhold jahrelang mit dieser Geschichte zu Bett gegangen und wieder aufgestanden. Und mit den Figuren dieser Geschichten malte er seine ersten Comics, die er seiner älteren Schwester in dicken Briefen nachschickte, als sie vier Wochen auf einer Kindererholung im dunklen Schwarzwald zubrachte.

Heute paßte Reinhold irgendwie nicht mehr in diesen kleinen Jungen hinein. Oder der Wind war nicht stark genug. Oder der Schirm porös geworden. Er klappte das Buch zu. Seifenspröde seine Hände. Vor ihm der ärmliche Schatz seiner Bücher. Nicht einmal so groß, daß Falk darin hätte verschwinden können. Zu mickrig, um davor zu flanieren. Reinhold starrte auf die weißen Flecken, die das Bücherregal einkeilten. Wäre eine Kamera auf Reinhold zugefahren, hätte sie aufgezeichnet, wie die Iris in seinem Auge immer kleiner und das Weiß des Augapfels langsam größer wurde. Es war der Kampf der bunten Welt gegen das bleierne Weiß. (Aber natürlich ist keine Kamera auf Reinhold zugefahren. Man darf solche erlesenen Vergleiche auch nicht überspannen. Sagen wir also, um die Geschichte hier zu unterbrechen:) Weil Reinhold in dem kleinen Haufen seiner Bücher nicht verschwinden konnte, verschwand er in der weißen Wand. Prosaischer: Falk Reinhold schlief ein.

Erster Teppich:
Die Schrift ist ein Waisenknabe

Worin besteht der Nutzen und Nachteil der Schrift für das Leben? Die Antwort läßt sich zitieren, denn die Frage ist so alt wie die Schrift.

Sokrates: Es bleibt also noch die Angemessenheit oder Unangemessenheit des Schreibens übrig, wo seine Anwendung schicklich ist und wo sie sich nicht ziemt. Nicht wahr?

Phaidros: Ja.

Sokrates: Nun also, ich habe gehört, in der Nähe von Naukratis in Ägypten sei einer von den dortigen alten Göttern gewesen, dem auch der Vogel, den man Ibis nennt, heilig war; der Gott selbst habe Theuth geheißen. Der habe als erster die Zahl und das Rechnen erfunden, auch die Geometrie und die Astronomie, ferner die Brettspiele und die Würfelspiele, und schließlich auch die Buchstaben. Im weiteren habe damals König Thamus über ganz Ägypten regiert, und zwar in der großen Stadt des oberen Landes, die die Hellenen das ägyptische Theben nennen; den Gott aber heißen sie Ammon. Zu diesem sei Theuth gekommen und habe ihm seine Künste vorgeführt und gesagt, man solle diese auch den übrigen Ägyptern mitteilen. Der König fragte, was für einen Nutzen denn jede dieser Künste bringe, und als jener es erklärte, tadelte er das eine und lobte das andere, je nachdem ihm diese Erklärung gut schien oder nicht. Zu jeder dieser Künste also habe Thamus dem Theuth manches dafür und manches dagegen eröffnet; doch würde das zu weit führen, das alles zu erzählen. Als nun aber die Reihe an den Buchstaben war, sagte Theuth: «Diese Kenntnis, o König, wird die Ägypter weiser und ihr Gedächtnis besser machen; denn als ein Heilmittel für das Gedächtnis und für die Weisheit sei sie erfunden worden.» Der König erwiderte: «Kunstvollster Theuth, der eine hat die Fähigkeit, das hervorzubringen, was zu einer Kunst gehört, der andere vermag zu beurteilen, welches Maß von Schaden oder Nutzen sie denen bringt, die sie anwenden wollen. Du, der Vater der Buchstaben, sagtest nun aus Voreingenommenheit gerade das Gegenteil von dem, was sie bewirken. Denn diese Erfindung wird die Lernenden in ihrer Seele vergeßlich machen, weil sie dann das Gedächtnis nicht mehr üben; denn im Vertrauen auf die Schrift suchen sie sich durch fremde Zeichen außerhalb, und nicht durch ihre eigene Kraft in ihrem Innern zu erinnern. Also nicht ein Heilmittel für das Gedächtnis, sondern eines für das Wiedererinnern hast du erfunden. Deinen Schülern verleihst du aber nur den Schein der Weisheit, nicht die Wahrheit selbst. Sie bekommen nun vieles zu hören ohne eigentliche Belehrung und meinen nun, vielwissend geworden zu sein, während sie doch meistens unwissend sind und zudem schwierig zu behandeln, weil sie sich für weise halten, statt weise zu sein.»

Phaidros: Sokrates, wie leicht verstehst du doch Geschichten zu erzählen, die aus Ägypten stammen oder sonst irgendwoher, wo du nur willst.

Sokrates: Wer also glaubt, er habe in seinen Schriften eine Kunstanweisung hinterlassen, und auch, wer diese in der Meinung aufnimmt, es werde sich aus den Schriften etwas Genaues und Sicheres ergeben, der ist wohl von großer Einfalt erfüllt...; denn er meint, geschriebene Reden seien etwas mehr als eine Gedächtnisstütze für den, der das ohnehin weiß, worüber die Schriften handeln.

Phaidros: Sehr richtig.

Sokrates: Denn dieses Mißliche, Phaidros, hat eben die Schrift an sich und ist darin in Wahrheit der Malerei ähnlich. Auch deren Erzeugnisse stehen ja da wie lebendige Wesen; wenn du sie aber etwas fragst, dann schweigen sie sehr erhaben still.

Genau so die Reden: du könntest meinen, sie verständen etwas von dem, was sie sagen. Willst du aber über das Gesagte noch etwas erfahren und stellst ihnen eine Frage, so sagen sie immer nur ein und dasselbe aus. Ist sie aber einmal geschrieben, so treibt sich eine Rede überall umher, bei denen, die sie verstehen, ganz ebenso wie bei denen, für die sie sich nicht ziemt, und sie weiß nicht, zu wem sie reden soll und zu wem nicht. Wird sie aber beleidigt und ungerecht geschmäht, so bedarf sie stets der Hilfe ihres

Vaters. Denn allein vermag sie sich nicht zu ehren noch sich zu helfen.

Nochmals: «Soll überhaupt niemand oder sollen nur gewisse Leute Schriften hinterlassen? Wenn aber das erstere, was ist der Nutzen der Schrift? Wenn aber das andere, sollen Gute Schriften hinterlassen oder solche, die es nicht sind?» So wiederholte Jahrhunderte später ein Textweber aus Alexandrien die Frage und beantwortete sie so: «Es wäre lächerlich, wenn man die Schriften der Guten verwerfen und die Arbeiten solcher, die es nicht sind, sich gefallen lassen wollte.» Die andere Frage versteht sich fast von selbst: «Ich meine aber, daß es schön ist, den Spätern gute Kinder zu hinterlassen. Wie aber Kinder die Abkömmlinge des Leibes sind, so sind die Bücher die Abkömmlinge der Seele. Die ‹Teppiche› werden die Wahrheit enthalten mit den Sätzen der Philosophie untermischt, oder vielmehr hineingefüllt und darin verborgen, wie in der Schale das Eßbare der Nuß.

Das vorliegende Werk, die ‹Teppiche›, nun aber ist keine kunstvoll ausgearbeitete, für Schaustellung bestimmte Schrift, sondern ich sammle Denkwürdigkeiten für mein Alter, ein Mittel gegen das Vergessen, ein bloßes Abbild und ein Schattenriß der greifbaren und lebendigen Worte.»

Nächstens mehr.

Die Metaphysik des Eigennamens

> Eigennamen sind unter allen Namen und Gemeinplätzen diejenigen, die der Auflösung des Sinns widerstehen und uns helfen zu sprechen.
>
> EMMANUEL LEVINAS

Johann Georg Tinius hatte einen ungewöhnlichen Familiennamen. (Sie werden doch nicht ernsthaft die Endung us für eine typisch sächsische Endung gehalten haben!) In den Namen wurde auch er hineingeboren. Wie eine eigenwillig riechende Außenhaut, herb oder süßlich, nordisch oder südländisch, umschließt der Eigennamen jeden Menschen, man kann sich in die Unterschrift häuten, diese kann den ganzen Menschen vertreten, und sie ist (ich will wirklich nicht dozieren) viel gewisser als das Ich, eben ein untrügliches Fundament (fundamentum inconcussum, wo wir schon beim Lateinischen sind). Und wenn Johann Georg allein und unsicher war, wiederholte er laut seinen Namen, als wäre er ein Substantiv, in dem er aufrecht gehen könnte. Tinius, sagte er dann. Ich bin Tinius. Eigentlich aber durfte sich Tinius seines Namens und damit seines Grundes durchaus nicht sicher sein, denn das, was er davon berichtet, klingt nicht überaus wahrscheinlich.

Mein Vater, Johann Christian, stammt her aus dem Dorfe Kimmeritz bei Luckau, in der Niederlausitz, wo sein Vater Schäfer gewesen ist und unsern Namen zuerst nach Deutschland gebracht hat. Er ist nämlich im spanischen Successionskriege, als ein siebenjähriger Knabe, an der großen Heerstraße bei Baruth, wo beständige Durchmärsche geschahen, an einem Morgen, seitwärts im Kornfelde, herumirrend und weinend gefunden worden im militärischen Habit, und hat ausgesagt, es wäre in der Nacht ein großer Tumult entstanden, und durch einen feindlichen Ueberfall Alles auseinander gesprengt worden. Er hätte sich ins Korn versteckt, und bei Tages Anbruch Niemanden mehr gesehen. Alles sey fortgewesen. Er hat eigen seinen Namen gewußt, und von seinem Vater ausgesagt, daß derselbe auf einem Schimmel sitzend und mit einem großen Säbel ein Regiment kommandirt habe. Bestimmtere Nachrichten fehlen. Der Name ist römischen Ursprungs mit verschiedenen Vorsylben, z. B. Atinius, Titinius, Batinius; der reine Namen findet sich in Rufus Tinius, der unter den römischen Kaisern einen Feldzug gegen die Parther führte. Jetzt giebt es, seit meines Großvaters Zeiten, viele gleiche Namen in jenen Gegenden bei Berlin und im Kurkreise, alle von diesem ersten Stammvater.

Es gab also einen Tinius-Mythos. Die überaus geschickte Projektion eines einfachen, säbelrasselnden Kommandanten auf den großen Feldherrn Rufus

Tinius. (Das wäre die Erklärung des Psychologen. Aber Psychologen mögen wir doch nicht, oder?) Wurde ein A vorgeschaltet, wurde Atinius, a, um, ein berühmter Volkstribun 130 vor Christus daraus. (Über Batinius weiß mein Wörterbuch leider nichts zu berichten. Es ist der Georges. Immerhin. Aber:) Titinius (nicht Titinnius), ii, m; a) ein alter römischer Komödiendichter, von dessen Dichtungen nur noch Bruchstücke vorhanden sind; b) Cn Octavius Titinius Capito, ein im Staatsdienst sowie in der Wissenschaft hervorragender Römer zu Domitians und Trajans Zeiten. (So lautet die zivile Ahnengarde. Projektionen dürften hier keine vorliegen, zumindest keine fortgeerbten, denn Johann Georg berichtet von seinem Vater in seiner Biographie – vielleicht darf man ihm hier einmal Glauben schenken –, er habe schlicht eine «Abneigung gegen alles Vornehme» gehabt.)

Ein dritter Versuch. (Ein Kreuzzug des Philologen.) Tinius ist die Substantivierung und Abschleifung von tino, i, ivi: klingeln, klimpern, schellen; übertragen: schreien, singen; in der Umgangssprache: mit Geld klimpern = zahlen! (Sie merken doch, worauf ich hinauswill?)

Wie auch immer man es dreht und wendet, soviel ist sicher: Der Name Tinius war eine überaus unsichere Angelegenheit. Was konnte aus einem Menschen werden, der mit solch einem Mythos belastet war? Gewiß ist nur: Die männlichen Tinius (ersparen Sie mir den lateinischen Plural) waren überaus fruchtbar. Nein. Nicht einmal das ist sicher. Ist vielleicht nur eine mäßig kaschierte Anspielung auf den Erzvater Abraham, dessen Lenden einem Brunnen gleich so viele Kinder und Kindeskinder wie Sterne am Himmel zeugen sollten. So die Prophezeiung. (Es gibt Anhaltspunkte für diese biblischen Stilisierungen. Mehr verrate ich zunächst nicht. Nur Geduld.)

Tinius, Johann Christian also, wechselte vom Soldatenfach wieder in das des Schäfers, wie sein Großvater, nur auf einer höheren Ebene, als Kommandant der Schäfereien. Johann Georg schließlich trieb den Aufstieg weiter, ohne die Vokabeln austauschen zu müssen, er wurde der Seelenhirte einer stattlichen Gemeinde. (Ist das nicht ein wunderbares Beispiel für die stetige Entwicklung des Menschengeschlechts? Eine herrliche Metamorphose?)

Nein. Der Bauch war nicht der Gott seines Vaters. Es gab weder Branntwein noch Most und selten Fleisch im Hause Tinius. So monoton das Essen, so monoton der Tagesablauf. Die einzige Abwechslung bescherten Reisende, die gastfreundlich aufgenommen wurden und dafür wie lebendige Zeitungen die Welt ins bescheidene Heim trugen. Etwa dreimonatlich kam die Zeitung frei Haus. Dabei unregelmäßig. (So unregelmäßig wie die Post eben.) Für Johann Georg aber war dieses Ereignis eines der wenigen irdischen Vergnügen auf dem väterlichen Anwesen. Manchmal, wenn der Posttag wieder nahte, saß er, sofern er den Verpflichtungen entlaufen konnte, am

Teich, um nach der leicht gedrungenen Gestalt Ausschau zu halten, die vor Geschichten und Nachrichten überzuquellen schien. Blieb sie aus, dann flötete er auf den Spitzen der Binsenhalme, sammelte Vergißmeinnicht-Blüten oder Blätter der Bachnelkenwurz. Geduldig verglich er, während er die Blätter gegen das Licht hielt, Schwingungen und Striche der Adernschrift, die eine Geschichte zu erzählen schien, miteinander. Kollektierte Buchstabe um Buchstabe. Mehr als die lächerlichen sechsundzwanzig des ABC. Wurde er zur Arbeit gerufen und von der Lektüre aufgeschreckt, trug er sein Naturbuch schnell zusammen und legte die einzelnen Buchstaben zum Pressen zwischen zwei Holzscheite. Wöchentlich sortierte er sie in eine alte blecherne Dose, seinen Zettelkasten, ein. Als er den Unterricht unter der Abendröte einmal übereilt zurückließ und ein Regenschauer niederging, verklebten die vielen hundert Blätter zu einem dicken Klumpen. Jetzt war sein Naturbuch ein Buchstabenungetüm, ein Letterngebirge, ein erdiges Babel. Unmöglich, in den verwirrten Zeichen zu lesen. Die Enttäuschung dauerte nur kurz. Er ließ sich durch eine kleine Sabotage nicht abhalten. Tinius doch nicht. Am nächsten Morgen legte er ein neues Buchstaben-Herbarium an.

Wenn der Postmann zweimal laut pfiff, rannte ihm Johann Georg, der ihn längst entdeckt hatte, schnell entgegen, um keine Nachricht zu versäumen. Er, ein wandernder, inzwischen kurzsichtiger Tagelöhner mit der beweglichsten Mimik, die Johann Georg jemals an einem Menschen wahrgenommen hatte, den eine Liebschaft von Berlin nach Sachsen verschlagen hatte und der, seit ihm seine Frau vor vielen Jahren weggestorben war, in allen Marktflecken der Umgebung eine ähnliche suchte und (natürlich) nicht fand, beherrschte jede Arbeit, jedes Metier, vor allem aber das des packenden Erzählers. Kriegsberichte verkaufte er dem Vater abends vor dem simmernden Kaminfeuer – Tinius, Sie sind ja väterlicherseits vom Fach (er kannte die Geschichte also auch schon) – als bunte Balgerei für Große, und ein feuriger, leicht fanatischer Glanz zog unter die immer trägen Augenlider dieses hageren, meist übellaunigen Tinius; der Mutter, die er immer Gnädigste nannte, erzählte er von fernen Häfen und Höfen, die er als junger Mann einmal bereist haben wollte, und ihre immer strichschmalen Lippen warfen sich zu einem sehnsuchtsvollen Lächeln auf; den Kindern präsentierte er die Geschichten als Märchen mit ähnlicher Besetzung, und sogar der immer kurzatmige Johann Elias atmete gleichmäßig unter dem Luftzug der Geschichten. Johann Georg aber, der sich nie satt hören konnte, ließ sich stets ganz genau das bunte Personal der Märchen beschreiben, und jedesmal versprach der Erzähler, bald ein Märchenbuch, in dem alle Prinzen und Feen abgebildet seien, mitzubringen. (Was er selbstredend nie tat. Schließlich war er ein Vertreter mündlicher Kultur.)

Als Johann Georg einmal mit dem N seines Eigennamens nölte und nörgelte, zog der Erzähler aus seinem großen, bleigrauen Leinensack ein dickes Quartheft hervor und schrieb auf das weiße Etikett in großen Lettern den Namen Johann Georg Tinius. Nun Johann Georg, sagte er, schreibst du darin alle die Geschichten auf, die ich bisher erzählt habe. (Das war der endgültige Übertritt von der oralen zur schriftlichen Kultur in dem Marktflecken bei Staako.) Wenn du so viele Geschichten gesammelt und so viele Bändchen gefüllt hast, daß du, wenn du darauf steigst, so groß wie ich bist, dann mein Kleiner (lesen Sie Kleener, wenn Sie unbedingt Dialekt wünschen) schreibe ich dir mein Märchenbuch.

Bereits am nächsten Abend fing Johann Georg an, die Geschichten zusammenzutragen. Der Geschichtenerzähler aber kam nie wieder in die Gegend um Staako. Gerüchte über sein Fernbleiben gab es viele. Betrunken sei er in einen kleinen Bach gefallen und ertrunken. Hieß es. Er habe endlich eine ähnliche Frau wie seine verstorbene gefunden und mit seinen Geschichten verführt. Sei ihr aber nicht gewachsen gewesen und noch in der Hochzeitsnacht gestorben. Oder: Sein Gedächtnis habe schlagartig nachgelassen und niemand habe ihm mehr Logis geben wollen. Da habe er sich in seine Geschichten aufgelöst.

Welchem Gerücht auch immer man Glauben schenken will. Sicher ist: Die nächsten drei Jahre wurden für Johann Georg noch langweiliger. Monoton und ohne Rhythmus quälten sie sich dahin. Niemand konnte den Platz des Erzählers ersetzen. Jede Ablenkung fehlte. Selbst den Schulbesuch verwehrte der Vater. Die Mutter hatte bereits seit zwei Jahren das Amt übernommen. Nicht einmal sonntags durfte der kleine Johann Georg seine Eltern zur Kirche begleiten. Bis zu seinem zwölften Lebensjahr. (Warum genau bis zum zwölften Lebensjahr, fragen Sie? Jetzt kommt meine Stilisierungsthese voll zum Zuge.)

Den ganzen Tag waren wir, nach Verhältniß unserer Kräfte beschäftigt. Die Gottesfurcht, der Fleiß und die Mäßigkeit waren unsere täglichen Säfte. Vater und Mutter gingen Sonntäglich in die Kirche, wir aber sahen nie einen Schulmeister, noch einen Pfarrer, bis wir 12 Jahr alt waren – nach dem Beispiel Jesu.

Er flaniert in Schwabing und besteigt den Bücherberg

> Langsam durch belebte Straßen zu gehen, ist ein besonderes Vergnügen. Man wird überspült von der Eile der anderen, es ist ein Bad in der Brandung.
>
> Franz Hessel

Falk Reinhold ging spazieren. Im Zentrum von Schwabing. An einem Donnerstagnachmittag. Zur Stunde des Kaufrausches. Und das tut man nicht. Man geht am Isarufer spazieren. Wenn man schon nichts zu tun hat. Oder flaniert sonntags auf der überfüllten Seepromenade in Starnberg. Wenn man etwas Neues auszuführen hat. Fährt nach Garmisch raus (im Stau), klettert den Wank hoch und wieder hinunter und fährt nach München zurück (im Stau). Aber am Donnerstagnachmittag im pulsierenden Herzen Schwabings spazieren. Das wirkt verdächtig. (Achtung: Jetzt biegt er in die Leopoldstraße ein.) Reinhold schlendert über einen dichten Teppich aus Pappelblättern die Straße hinunter. Mit jedem bedächtigen Schritt wächst das massige Siegestor vor seinen Augen. Seine Hände bleiben im Rücken gekreuzt. Wie an einen unsichtbaren Mast gebunden, will er dem Lockruf der Waren entgehen. Laute Signale und kanalisierte Botschaften perlen an ihm ab. Schaue er nur lange genug hin (das behauptet er zumindest immer), dann löse sich ein Film von den Dingen und er könne in das ungeschminkte, runzelige Gesicht der Dinge hineinschauen.

Für Dritte hatte dieser Blick aber etwas Spähendes. Verwandt Terroristisches. Auf jeden Fall Verdächtiges. Hinter der Auslage eines Juweliergeschäftes, das von häßlichen, dunklen Marmorplatten eingesargt war, versammelten sich drei dazu passende Gesichter, als Falk Reinhold den unprätentiösen Altputz der Renaissancefassade im oberen Stockwerk auf sich wirken ließ. Weil er nicht schon wieder von beamteten Streifengängern nach seiner Identität befragt werden wollte, flanierte er weiter, als eines der Gesichter plötzlich fehlte.

Eigentlich durfte sich Falk Reinhold nicht beklagen. (Vorsicht: Mit einer Geste deutet er jetzt eine Kehre an.) In keiner Großstadt wurde man so geschickt umgangen wie in München. Nahezu ein Himmelreich für Flaneure. Eine von frühester Jugend an trainierte Geschmeidigkeit im Knie- und Hüftbereich erlaubte den Münchnern, Spaziergänger vom Schlage Reinholds wie Slalomstangen zu umkurven, ohne sie dabei anzurempeln. Zwar sah Reinhold an solchen Tagen die Münchner nur von hinten (a posteriori also), konnte dafür aber schon bald an der trockenen Grazie des Hüftschwunges den versierten Skifahrer vom trotzigen Anfänger unterscheiden.

Falk Reinhold verließ die fiebrige Geräuschkulisse der Leopoldstraße und bog (Moment: Ich schaue auf den Falkplan) mit einer so schnellen Kehre in die Adalbertstraße ein, daß der häßliche Plattenbau aus den sechziger Jahren an der Ecke beinahe aus der Kurve geflogen wäre. Hier war es ruhiger. Die Lärmglocke verstummte. Die Schaufenster nicht ganz so frech aufgeregt. Und am Ende der Straße zeigten die Häuser ihren schönen alten Ornat. Ohne daß Feuergeranien den feierlichen Ernst verkitschten.

Vor einer mit Steingirlanden eingefaßten Auslage blieb er stehen. Eine seltsame Fiebrigkeit stieg in Reinholds Blick. Traumhaft sicher, ohne gezielt etwas zu suchen, hatte er es gefunden. Beleidigt schauten ihn die ausgestellten Bücher an, wie verspätete Jungfrauen, die sich öffentlich anboten. Andächtig betrat er das Antiquariat, dessen dunkelgrüne Tür nur angelehnt war. Breitstirnig, kurzes, graues Haar, mit Pomade, Kinnbacken, die ein Buch zu verdauen schienen, und gerötete, lichtempfindliche Augen. Nur kurz schaute der Antiquar von seiner Lektüre auf. (Geben Sie es zu! Genau so stellen Sie sich einen Büchernarren vor. Wird prompt bedient.)

Als Reinhold sich vorbereitete, die Parade der Bücher abzunehmen, fiel sein Blick auf ein einzelnes Exemplar. Mit zärtlicher, beinahe erotischer Geste näherte er sich. Liebkosend nahm er es in die Hand, ängstlich darauf bedacht (Vorsicht! Vorsicht! Machen Sie doch bitte keine Eselsohren in dieses Buch!), nicht die Lederhaut des Buches zu verletzen oder das Rückgrat zu brechen, bog er seine Fingerkuppen ganz nach außen. Jungfräulich war es nicht mehr. Ein Vorbesitzer hatte ihm mächtig Gewalt angetan. Denn der Einband war gerissen, und der Schnitt der Seiten zog sich, wenn man es aufschlug, zu Treppen auseinander, auf denen man bequem in die einzelnen Etagen des Buches Einlaß fand. Behutsam klappte Reinhold das Buch zu und bewahrte den ausgeleierten Buchleib in der linken Hand.

Sein Blick wurde angezogen von einem Regal, das in einer Vignette mit «Metaphysik» überschrieben war. Er tastete sich an einem hölzernen Globus vorbei und erklomm die steile Himmelsleiter, die vor den prall mit Büchern gefüllten Regalen stand. Das ausgesichtete Buch unter den linken Arm geklemmt, schaute er die Spitze des Bücherberges durch, hielt ein Buch mit den Knien fest und blätterte versonnen in einem dritten. (Stimmt. Sie kennen das Bild. Überlegen Sie nur. Das zwölfte Wort des letzten Satzes gibt den entscheidenden Hinweis. Einfacher geht es nun wirklich nicht mehr!) Hier lagen die ältesten Gesteinsschichten, die Griechen, wie auf Kohlehalden obenauf. Gemächlich erarbeitete sich Reinhold die Geologie des Bücherberges. Als er sich nach unten durchgegraben hatte, war seine Entscheidung auf vier Bücher der mittleren Epoche gefallen. (Die Zeit dieses einfachen Indikativsatzes ist viel zu kurz, um deutlich zu machen, wie Falk Reinhold sich zur Auswahl durchrang. Als ginge es um ein geologisches Gutachten, untersuchte er jede Gesteinsschicht. War zum Schluß fast eingestaubt wie ein richtiger Kumpel. Erst als er merkte, wie dunkel es bereits draußen war, schüttete er den Berg wieder auf und ließ vier Bücher an der Oberfläche. Ich bin Ihnen noch die Titel schuldig:)

1. J. B. Basedow's Lehrbuch prosaischer und poetischer Wohlredenkunst 98,–DM
2. Satyrische und ernsthafte Schriften von Jonathan Swift 79,–DM
3. Gottsched's deutsche Sprachkunst 112,–DM
4. Merkwürdiges und lehrreiches Leben des M. Johann Georg Tinius, Pfarrers zu Poserna in der Inspektion Weißenfels. Von ihm selbst entworfen 54,–DM.

Er wechselte mit dem Antiquar ein paar Worte, nahm den Antiquariatskatalog in Empfang, zahlte mit Scheck und ging. Beim Verlassen des Gebäudes verriet seine starre Kopfhaltung, daß er sich nicht umzuschauen traute, weil er Angst hatte, von den beleidigten Blicken der verschmähten Bücher getroffen zu werden.

(Ein Nachtrag: Psychologische Untersuchungen zum Bücherwahnsinn sprechen hier von einem Initialerlebnis, dessen innere Struktur den Verlauf des Wahns bestimme. Nachtrag zum Nachtrag: Trauen Sie keinem Psychologen. Niemals. Und unter keinen Umständen. Lesen Sie lieber ein gutes Buch. Oder besser: Kaufen Sie sich ein gutes Buch. Im Anhang zu dieser Geschichte finden Sie das wichtigste Antiquariat Münchens verzeichnet. Auf Anfrage liegen Verzeichnisse von Hamburg, Berlin und, ganz frisch, Dresden bereit, die der Verlag Ihnen gerne zusendet. Vergessen Sie bitte nicht den frankierten Rückumschlag.)

(Beachten Sie bitte die Werbung auf der nächsten Seite.)

Werbung

Für Lese Ratten und Wühl Mäuse

Stenderkopf

Fach-Buchhandlung und Antiquariat

Philosophie

Belletristik

Geschichte

Theologie

In der Adalbertstraße
Donnerstags bis 20.30 Uhr geöffnet

Zweiter Teppich:
Gott ist ein Schriftsteller

Wer war eigentlich der erste Schriftsteller? Homer vielleicht? Falsch. Weit gefehlt. «Gott ein Schriftsteller.» Mit diesen Worten beginnt der Magus in Norden, der Königsberger Weise aus dem Abendland, seine eigene Karriere als Schriftsteller. Sein Schüler sekundiert, wenn er den Sonnenaufgang als göttliches Gedicht beschreibt:

«Wenn ich indessen durch ein Faktum zeige, den allmorgendlichen Sonnenaufgang nämlich, daß die erste Offenbarung Gottes nichts als Offenbarung in der Natur war, ... und zwar im einfachsten, schönsten, faßlichsten, ordentlichsten, wiederkommendsten, eindrücklichsten Bilde, wie es sich nur zwischen Himmel und Erde findet – wenn ich zeige, daß zur Fassung und Erreichung dieses Bildes Eine Lehrmeisterstimme dazu gekommen, das Licht nämlich, welch ein Aufschluß! welch eine Ansicht! Komm hinaus, Jüngling, aufs freie Feld und merke! Die urälteste, herrlichste Offenbarung Gottes erscheint dir jeden Morgen als Thatsache, großes Werk Gottes in der Natur.»

Die Rede vom «Buch der Natur» machte erstaunliche Karriere. Ein bunter Zitatenstrauß kann es belegen.

«Du wirst kein Buch finden, da du die Göttliche Weisheit könntest mehr inne finden zu forschen, als wenn du auf eine grüne und blühende Wiese gehest, da wirst du die wunderliche Kraft Gottes sehen, riechen und schmecken.»

«Also ist Gott gegenwärtig in allen Kreaturen, auch im geringsten Blättlein und Mohnkörnlein.»

«Redner: Wie könntest zu zum Wissen deiner Unwissenheit geführt worden sein, da du ja ein Nichtwissender bist? Laie: Nicht aus deinen, sondern aus Gottes Büchern. Redner: Welche sind dies? Laie: Die er mit eigenem Finger geschrieben.»

«Die Natur hat nur eine Schrift, und ich brauche mich nicht mit so vielen Kritzeleien herumschleppen. Hier darf ich nicht fürchten, wie wohl geschieht, wenn ich mich lange und liebevoll mit einem Pergament abgegeben habe, daß ein scharfer Kritikus kommt und mir versichert, das alles sei nur untergeschoben.»

«Alle Gestalten sind ähnlich, und keine gleichet der andern;

Und so deutet das Chor auf ein geheimes Gesetz,
Auf ein heiliges Rätsel...
Jede Pflanze verkündet dir nun die ewgen Gesetze,
Jede Blume, sie spricht lauter und lauter mit dir.
Aber entzifferst du hier der Göttin heilige Lettern,
Überall siehst du sie dann, auch in verändertem Zug.»

«Seh' ich den Himmel an, so kömmt mir sein Sapphir
Als eine Tafel für,
Die unermeßlich ist, auf welcher eine Schrift,
Die des allmächt'gen Schöpfers Wesen,
Huld, Weisheit, Macht und Majestät betrifft,
Im schimmernden Gestirn, in heller Pracht zu lesen.

Hilf GOtt, welch eine Schrift! O! welch ein Wunder-
Buch,
In welchem die Gestirne Zeilen,
Die Lettern grösser sind, als tausend Meilen,
Worin, in wunderbarem Schein,
Die Puncte selbsten Sonnen seyn!

Sprich nicht: Was Schrift? ich kann sie nicht verstehn,
Ja nicht einmal die Lettern sehn.
Denn hör! Kannst du die Lettern der Sinesen,
Der Araber, der Russen, lesen?

Und kommen ihre Schriften dir
Nicht gantz verwirrt, ja sonder Ordnung, für?
Die doch, wenn wir sie erst begreifen und entdecken,
Gar oft voll Geist und Weisheit stecken?

Ich bin, ob dieser Schrift, im Dencken und im Lesen
Gar oft erfreut, gar oft erstaunt gewesen.
Noch jüngst, als ich im Buch der Sternen,
Mit inniglicher Lust, studirte,
Und, voller Ehrfurcht, buchstabirte,

So deucht mich, daß ich hie und da
Und überall geschrieben sah
den grossen Namen JEHOVAH.»

So weit so gut. Aber wie soll man das Buch der Natur lesen? Die Auskünfte der Grammatiker sind doch eher von zurückhaltender Natur: «Die Schöpfung ist ein Buch; wer's weislich lesen kann, dem wird darin gar fein der Schöpfer kundgetan.»

«Ein jedes Gräschen war mit Linien geziert,
Ein jedes Blatt war vollgeschrieben;
Denn jedes Äderchen, durchs Licht illuminiert,
Stellt' einen Buchstab vor. Allein,
Was eigentlich die Worte sein,
Blieb mir noch unbekannt,
Bis der Vergißmeinnicht fast himmelblauer Schein,
Der in dem holden Grünen strahlte
Und in dem Mittelpunkt viel goldne Striche malte,
Mir einen klaren Unterricht
Von dreien Worten gab, indem mich ihre Pracht
Auf die Gedanken bracht:

Da Gott in allem, was wir sehen,
Uns sein Allgegenwart und wie er alles liebet
So wunderbarlich zu verstehen,
So deutlich zu erkennen gibet;
So deucht mich, hör ich durchs Gesicht,
Daß in dem saubern Blümchen hier

Sowohl zu dir als mir
Der Schöpfer des Vergißmeinnicht selbst spricht:
Vergiß mein nicht!»

«Wodurch sollen wir aber die ausgestorbene Sprache der Natur von den Todten wieder auferwecken? Wir haben an der Natur nichts als Turbatverse und disiecti membra poetae zu unserm Gebrauch übrig. Diese zu sammeln ist des Gelehrten; sie auszulegen, des Philosophen; sie nachzuahmen – oder noch kühner! – sie in Geschick zu bringen, des Poeten bescheiden Theil.»

Gott ist ein Schriftsteller – aber es fehlt die Grammatik. Punctum saliens.

Das Gedächtnis als Löschpapier

> Wer die Fähigkeit des Gedächtnisses trainieren will, muß deshalb bestimmte Orte auswählen und von den Dingen, die er im Gedächtnis behalten will, geistige Bilder herstellen und sie an die bewußten Orte heften.
>
> Cicero

Jetzt. Beobachten Sie Johann Tinius jetzt. Genau in diesem Augenblick. In dieser Szene.) Kerzengerade sitzt Johann Georg vor einem Buch. Dabei ist der Kopf leicht nach vorne gebeugt. Der Augenstern vom Lid halb bedeckt. Beide Zeigefinger reiben erregt die Daumenkuppen. Nein. Tinius betet nicht. Zumindest nicht im üblichen Sinne. Eher verharrt er in ästhetischer Andacht. Ein kribbelndes Vorgefühl, das die Spanne zum Ergriffenwerden durch das Buch ausdehnt. Ganz gesammelt, hält er sich lustvoll zurück. Vollkommene Stille, die die Konturen des Lärms abschleift. Weil das Vorgefühl Wege der Weitung erkundet, läßt sich Johann Georg andächtig ein auf die Atmosphäre, die sich vom Buch aus rundum ergießt. Jetzt schlägt er das Buch auf. Erst ein leichter Unterdruck, dann ein frischer Luftzug, in den er hineinschlüpft. Als würde das Buch ihn aus dem leimstarren Klima seines Elternhauses heraussaugen. Eine rituelle Verwandlung, die ihn zu einem ganz anderen macht.

Weil er aber den Rücken nicht frei hat, geschieht die Rückverwandlung jäh, zumeist durch den ältesten Bruder – aber schon bald imitieren die Kleineren ihr Vorbild erfolgreich –, der sich anschleicht, laut brüllt und den dann baß Überraschten blöde auslacht. Tinius selbst kennt den Spruch für die Rückverwandlung nicht und muß ihn nicht kennen, weil er wie Senkblei auf dem fruchtbaren Grund der Geschichten ausharrt. In diesen Stunden hört der Körper des Johann Georg Tinius nicht auf an der hautigen Hülle. Spielerisch verwandelt er sich in ganz unterschiedliche Figuren aus seinen bunten Geschichten. In diesen Augenblicken ist er in dem Haus aus Jesus Sirach. Das ist mein Mantel, sagt er dann, und zieht ihn aus Vers 24 an.

Er war längst ein Meister der Andacht, als der Termin des zwölften Geburtstags näher rückte.

Im Jahr 1777 zu Michaelis zogen meine Aeltern nach Staako, das in die sächsische Kirche zu Oderin, wo ich auch getauft worden war, eingepfarrt ist. Hier sollte ich während des Winters zum heiligen Abendmahl confirmiret werden.

Tinius wußte natürlich nicht, was ihn erwartete. Allein die Aussicht, ein neues Buch auswendig zu lernen, schickte die Phantasie bereits voraus. Nur sein Körper und die klebrige Wabe seiner Familie kamen schleppend nach. Bereits als er die Tür zur Pfarrei öffnete, sprang ihn der modrige Geruch alter Bücher an – bisher war Tinius allenfalls homöopathische Mengen gewöhnt – und ihn schwindelte. Gespannt massierte der linke Zeigefinger die Daumenkuppe, als Johann Georg diesem mächtigen, stirnglatzigen Mann, dessen Wangen durchgewalkt schienen und der so bebend nach Büchern roch, gegenüberstand. Sein Rock. Es war genau der Rock aus seiner Spruchfibel. Was Tinius nie gelungen war, ihm, dem Pastor, war es geglückt. Er hatte sich mit dem Bild vermählt. Am liebsten hätte Tinius nachgeschaut, ob der Rock noch am alten Platz in der Fibel hing. Jetzt erst merkte er, wie sich der Blick des Pfarrers drillte, als sein Vater ihm das Anliegen mitteilte.

Die übrigen Kinder waren schon vier Wochen in die Vorbereitung gegangen, und er trug Bedenken, ob ich soviel nachlernen würde. Ich, ohne Furcht und Scheu, weil ich noch keine menschliche Hoheit kannte, erbot mich sogleich, das ganze Stück aus dem Katechismus in ein paar Stunden zu lernen, wenn ich in der andern Stube allein seyn könnte. Der Herr Magister sah mich an mit Lächeln über meinen Vorwitz, und sagte: «Mein Söhnchen, wenn du nur heute eine halbe Seite lernst, so mußt du schon tüchtig

*lernen.» Es war Mittag vorbei. Ich nahm das Buch,
ging in die Einsamkeit.*

Welch ein Auftritt! Bereits bei seinem ersten öffentlichen Auftritt schaffte er sich die Bedingungen, die ihm bisher fehlten. Er machte sich den Rücken frei. Verlangte ein Zimmer für sich allein. Verlangte Einsamkeit. Zweimal vergewisserte er sich, ob auch wirklich niemand in dem kleinen, von einer dicken Eiche verschatteten Zimmer sei. Dann setzte er sich hin. Auf den weichen Sessel. In geübter Haltung. Schlug das Buch auf und übersetzte noch im Lesen den Text in memorierbare Bildergeschichten. Immer ließ er die Substantive weg. Nagte die Schrift an dieser Stelle ab, und in das blendende Weiß der Stellen füllte er die bunt ausgemalten Hauptwörter. Er stellte sie sich vor wie Statuetten, die er dann im Wohnzimmer seines Elternhauses plazierte. Eine nach der anderen, so daß er sie nachher im phantasierten Rundgang durch das Wohnzimmer wieder einsammeln konnte. Nach den ersten Zeilen ließ er auch die Verben weg und hängte sie wie Schilder den Statuetten um den Hals. Den Buchstabenrest saugte er auf wie Löschpapier. Je weiter er lernte, je mehr weiße Flecken tauchten auf.

Was ist das   des   ?
Es ist der wahre   und   unsers Herrn Jesus
Christus,

unter dem   und   uns Christen
zu essen und trinken von Christus selbst eingesetzt.
Wo steht das geschrieben?
So schreiben die heiligen   Matthäus, Markus, Lukas und der Apostel Paulus:
Unser Herr   ,
in der   , da er verraten ward,
nahm er das   , dankte und brach's
und gab's seinen   und sprach:
Das ist mein   , der für euch gegeben wird;
solches tut zu meinem   .
Desselbigengleichen   er auch den
nach dem   ,
und   ihnen den und   :
     hin und   alle daraus:
Dieser   ist das neue   in meinem   ,
das für euch   wird,
zu   der   ;
solches   , so oft ihr's   , zu meinem   .

Bis hierhin reichte das Pflichtpensum. Die Szene war einfach, weil er nur wenige Figuren brauchte. Er stellte sich eine Abendrunde vor. Am Kopfende der Sprecher. In der Rechten den Becher mit Trauben, der erinnerte an den Kelch, in der Linken die Wachstafel als Bild für das Testament und die Widderhoden als altes Symbol für das Gedächtnis. Der Rest, die nächsten vier Seiten, waren nur noch Näschereien vom Text.

Ich kam um 5 Uhr wieder, und sagte alle Blätter, so weit die andern Kinder gekommen waren, ohne Anstoß her. Dieser Augenblick war von der Vorsehung bestimmt, mir meine künftige Laufbahn zu eröffnen. Der würdige Pastor, ein frommer Mann, der in allen Ereignissen Gottes Fingerzeig erblickt, gerieth in Erstaunen, und sagte meinem Vater und meiner Mutter, die während dieser Zeit voll Erwartung gewesen war, und im Herzen gewiß viel zum Herrn gebetet hatte, «Euren Sohn hat Gott zu etwas anderem bestimmt, er soll Menschenheerden weiden!»

Nicht in den Augen des Vaters, sondern in denen des Pfarrers stand dickes Wasser. Und der Vater? Stolz? Durchaus auch Stolz zog unter seinem schmalen Lid vorbei. Angst? Durchaus auch Angst konnte man als Schatten in seinen Augen sehen. Widerspruch? Ganz und gar. Denn Bücher als Pflegeeltern wollten bezahlt sein. In dem Sprichwort allein konnte Johann Georg nicht leben. Und jetzt, da er, der bisher Schmächtige, bald in ein Alter kam, in dem die männlichen Konturen sich randscharf ausbilden würden und er endlich ihm und den Brüdern zur Hand gehen könnte (hatte der Vater diesen Satz ausgesprochen, war es der entscheidende), wollte ihm der Pfarrer die Milch der Alten verfüttern. (Die Mutter senkte während dieser kurzen Szene den Blick. Wir wissen nicht genau, was sie dachte. Vermutlich empfand sie anders. Sagte es aber nicht.) Um den

Mund des Vaters und auf den hart gespannten Wangen spielte, für Momente von seiner rohen Einfachheit entbunden, ein Ausdruck von Verachtung. Dann fiel er in seine verdruckste Haltung zurück, weil über den Kopf Johann Georgs hinweg der Pfarrer in hohem Sonntagston beteuerte, die Ausbildung würde keinen Groschen kosten. Vielleicht war es der vertraute, keinen Widerspruch duldende Tonfall, der den Vater endgültig niederstimmte. Sollte Johann Georg doch vornehm werden. Alle anderen Kinder waren bücherscheu. Da bestand keine Gefahr. Also gut. Abgemacht. Hand drauf. (Ein bißchen derb, oder?) Und Johann Georg?

Ich glaubte meinem neuen Führer, blieb zwei Jahre bei ihm, lernte ein wenig schreiben, und von der lateinischen Sprache die Anfangsgründe; so brachte er mich den 20. September 1779 nach Luckau auf die Schule zu seinem einzigen Sohne, Adolph, den ich, wie der Vater sagte, durch die Kohlen meines feurigen Eifers im Lernen anzünden, und dafür Wohnung und Bette frei haben sollte. Mein Vater begleitete mich, und kaufte mir eine Bibel für 12 Groschen, ein mir immer noch theures Geschenk.

Er ritzt Texte in die Hirnrinde und entdeckt den Charme des Dreisatzes

> Alle Indianer tragen Zöpfe
> Kant war ein Indianer
> ———
> Also trug Kant einen Zopf
> CHRISTIAN MORGENSTERN

Wie geübte Sekretärinnen Texte tippen und sich gleichzeitig mit einer Freundin über den neuesten Psychologie-Test in der BRIGITTE unterhalten können (jede BRIGITTE enthält einen Psychologietest, alle Sekretärinnen lesen die BRIGITTE, also lesen alle Sekretärinnen den Psychologietest, oder unterhalten sich Sekretärinnen etwa neuerdings über Literatur, gibt es vielleicht die Gattung der Sekretärinnenromane, kommen Sie mir doch nicht damit), so konnte Reinhold gleichzeitig lesen und mit seiner Mutter telephonieren, natürlich Mutter, ich habe gewußt, was ich tat, als ich wegging, er, der ununterbrochen las und Zettelkasten auf Zettelkasten füllte, nein Mutter, ich verzettele mich nicht, es hängt nur alles miteinander zusammen, jedes Buch ist eine Fußnote zu einem anderen Buch, das wegläuft, wenn man es nicht rechtzeitig einfängt, jetzt aber wollte er sich über das kleine, neulich erworbene Bändchen hermachen, das, wie hieß es noch wieder, «merkwürdige und lehrreiche Leben des M. Johann Georg Tinius», nein Mutter, es kränkt mich nicht, daß du mir heimlich monatlich einen kleinen niedlichen Scheck schickst, dabei ritzte er die Texte wie mit dem Messer in seine Hirnrinde ein, die dann prompt am nächsten Tag lesbar auswuchsen, nein, eigentlich brauchte er die Gedächtnisstütze des Zettelkastens nicht, seine Rinde war noch so unerhört weich, und jeder Satz, den er wie einen Liebesschwur eintrug, blieb auf Dauer dort aufbewahrt (Falk Reinhold ritzt etwas in die Rinde, Verliebte ritzen etwas in die Rinde, Falk Reinhold ist verliebt), durchaus nicht, Mutter, werde ich Vater von diesem, wie sagtest du doch, familiären Dolchstoß berichten, bereits die Ortsnamen der Niederlausitz in den ersten Sätzen riefen ihm jäh jene Szenen der letzten gemeinsamen Reise mit seinem Vater zum Frankenhauser Schlachtengemälde auf, die zur seelischen Anämie geführt hatten, Bücher, Mutter, ich kaufe davon Bücher, Bücher, Bücher und noch mehr Bücher, das sich aufbauende Rührbild eines braven, aus beengten Verhältnissen stammenden Pfarrers, doch, Mutter, ich gehe durchaus spazieren, flaniere gerne und oft in Schwabing an den fliegenden Buchhändlern vorbei, aber dann bereits die Reserve, der Argwohn des austrainierten Lesers, bei seinem Eigennamen Tinius hatte er projiziert, das war doch alles unsicher, höchst prätentiös hatte er einen Stammbaum erfunden, mit fernen Übervätern, ja Fersenstiche, Mutter, die bekam ich früher schon immer, wenn ich länger spaziereging (Tinius und der berühmte Rufus Tinius, Tinius und Jesus, das ist doch Vulgärlogik: Jesus ging bis zu seinem zwölften Jahre nicht zur Schule, Tinius ging bis zu seinem zwölften Jahre nicht zur Schule, also war Tinius Jesus, quod erat demonstrandum? Ein Collegium Logicum in Sachsen?), was für ein spannender Charakter, ganz modern, du weißt, wie ich leichten Herzens auf den modernen Krempel ganz verzichten kann, und wenn ich sonntags nicht essen gehe, sondern mich selbst versorge und das gesparte Geld in Büchern anlege, man muß den Text wirklich gegen das Licht halten, die Thrombose in den Wörtern aufspüren, den intendierten Geröllsinn abtragen, mach dir keine Sorgen, Mutter, Schulden muß ich noch nicht abtragen, ich komme noch immer über die Runden, der Text verschwieg mehr, als er sagte, in den Brüchen und Falten der Kurzvita lag die Wahrheit, glaube mir, Mutter, ich verschweige dir keine Sorgen, mir geht es gut, sehr gut sogar, ein phänomenales Gedächtnis, das mußte man zugeben, fünf Seiten Katechismus ohne ein einziges Mal zu stocken, das war außergewöhnlich, aber irgend etwas stimmte hier nicht, wie recht du hast, meine Bücherwut ist für die heutige Zeit nicht sehr gewöhnlich, aber freue dich doch, Mutter, dafür hocke ich nicht den ganzen Tag vor geistlosen Computerspielen, oder würdest du das etwa vorziehen, Mutter, alle Bücher verramschen und sich dafür einen kleinen Computer kaufen, der eine ganze Bibliothek speichern kann, ist es das, was du dir wünschst, und dann die Gewißheit, die ihm das Nachwort gab und das Magazin der brüchigen Bilder stauchte, meine Stimme klingt so ernst, nein, Mutter, das liegt an etwas anderem, es hat wirklich nichts mit dir zu tun, so weit also konnte die Bücherwut führen, bis zum Mord, er sollte lieber freundlicher sein zu seiner Mutter, du darfst gerne öfter anrufen, Mutter, du weißt, ich mag die träge Leidenschaft deiner sonoren Stimme (ein völlig verkorkstes Kompliment, viel zu literarisch), 60 000 Bücher hatte Tinius gesammelt, das machten, ging man von 25 Büchern pro Regalmeter aus, $60\,000 : 25 = 2400$, bei einer durchschnittlichen Zimmerhöhe von 220 cm und einer Regalbretthöhe von 30 cm, 30 Mutter, wenn ich dreißig bin, habe ich das Studium sicherlich beendet, genau, dann bist du 71, noch jung, Mutter, wirklich noch jung, machst du spielend, bei deiner Fitneß, 30 also, dann ergab das 7 Böden, $7 \times 25 = 175$ Bücher pro Raumwandmeter, das noch einmal teilen durch 2400, oder nein, umgekehrt natürlich, ja du hast recht, Mutter, immer muß man rechnen, ob man sich die teure Ausgabe auch wirklich leisten kann, also ohne deinen Scheck, weißt du (so weit also war es schon mit Reinhold gekommen), so klappte es nicht mit der Rechnung (unnötig zu betonen, daß Reinhold nicht auf dem mathematischen Zweig des Gymnasiums gewesen war), also noch einmal, ja, wie du weißt, habe ich die Mathematik nie gemocht, aber Deutsch, ja die Claudius, die soll mir die Lesewut eingetrichtert haben, jetzt auch schon in Pension, aber beste Mutter, darf ich dich vielleicht daran erinnern, daß du auch nicht ganz unschuldig bist, daß ich mich heute nicht zu den Analphabeten rechnen muß, jetzt aber:

$$\frac{\begin{array}{r}1\text{ m} = 25\text{ Bücher}\\ ?\text{ m} = 60\,000\text{ Bücher}\end{array}}{\frac{60\,000}{25} = 2400\text{ m}}$$

der gute alte Dreisatz (ganz schön prosaisch), damals, als du ins Krankenhaus mußtest und ich zum Großvater, drei Monate lang, und er mir unbedingt alle Kindergebete und das ABC beibringen wollte, ich aber nicht mochte, weil mir das Dienstmädchen gesagt hatte, wer bete, würde vom schwarzen Mann geholt, bis du zurückkamst, mir die einzige Ohrfeige gabst, die du für mich hattest, und ich drei Tage später alle Gebete vorwärts und rückwärts aufsagen und schreiben konnte, hattest du vergessen, dann lieber ein anderes Thema, 60 000 Bücher brauchen also 2400 m, stapelt man 7 Regalbretter übereinander, dann benötigt man 2400 : 7 = ca. 343 m reine Stellfläche, ja, Mutter, mir fehlt es bereits jetzt an Raum für meine Bücher, mein Bett steht schon mitten im Zimmer, weil ich die Wände brauche, 343 m bei einem Preis von 12,– DM pro m^2 macht (oder kann man das so nicht rechnen?) 4116,– DM Kaltmiete, ja, Mutter, Bücher halten schön warm, sind die fast ideale Isolierung sommer- wie wintertags, eine Horrorrechnung, aber so ehrlich wie die Algebra nun einmal war, davongejagt, im Zuchthaus gesessen, nein, Mutter, ich lasse die Fenster frei, umbaue sie, nur höchstens hier und da ein paar Zentimeter, natürlich nur am Nordfenster, das Südfenster bleibt frei, versprochen ist versprochen, was stand da, die Bücher des Magister Tinius hatten ein Exlibris, ein ganz persönliches Zeichen, eine Taube, die auf einem T saß, so ein Buch hatte er, da war er sich sicher, letzte Woche in einem Antiquariat gesehen, wenn er jetzt den Anruf beendete, könnte er, wenn er sich beeilte, ich muß ins Seminar, Mutter, leider, leider, denk doch einmal an mich, das Buch vielleicht noch erwerben.

Falk Reinhold legte den Hörer auf. Falk Reinhold nahm seine Jacke aus dem Schrank. Falk Reinhold verließ sein Zimmer und ging in das Antiquariat in der Adalbertstraße.

Dritter Teppich:
Wie man lernen soll

Soll man überhaupt etwas auswendig lernen? Und: Gibt es eine Methode? Eine geistvolle Technik? Zunächst das Zitat eines durch übermäßiges Büchertrinken und Lernen mit Kopfweh geschlagenen Autors: «Man brennt etwas ein, damit es im Gedächtnis bleibt: nur was nicht aufhört, weh zu tun, bleibt im Gedächtnis – das ist ein Hauptsatz aus der allerältesten (leider auch allerlängsten) Psychologie auf Erden.»

Vielleicht ist auch nur die Methode falsch. Ein Däne schlägt vor, das Buch zwar nicht unter das Kopfkissen, wohl aber direkt aufs Herz zu legen: «Ich lese nicht, wie man ein anderes Buch mit den Augen liest, sondern ich lege das Buch gleichsam auf mein Herz und lese es mit den Augen des Herzens.»

Emile, ein französisches Pädagogikprojekt, soll gar keine toten Texte aufsaugen und «niemals etwas auswendig lernen, nicht einmal Fabeln, nicht einmal die Fabeln von La Fontaine, so harmlos und liebenswürdig sie auch sein mögen, denn die Wörter der Fabeln sind genausowenig die Fabeln, wie die Wörter der Geschichte die Geschichte sind. Was nützt es, in den Kopf der Kinder einen Katalog von Zeichen einzupflanzen, die ihnen nichts besagen? Wenn sie die

Sachen kennenlernen, werden sie dann nicht auch die Zeichen mitlernen? Warum soll man ihnen die unnütze Mühe bereiten, sie zweimal zu lernen?» Lesen darf Emile dagegen im Buch der Natur, «aus dem er, ohne sich zu versehen, ständig sein Gedächtnis bereichert, in Erwartung der Zeit, da seine Urteilskraft davon Gebrauch machen kann».

Skeptisch bleibt auch ein Königsberger Gelehrter: «Eine Gedächtnißkunst als allgemeine Lehre giebt es nicht. Unter die besondern dazu gehörigen Kunstgriffe gehören die Denksprüche in Versen: weil der Rhythmus einen regelmäßigen Sylbenfall enthält, der dem Mechanism des Gedächtnisses sehr zum Vorteil gereicht. Von den Wundermännern des Gedächtnisses, einem Picus von Mirandola, Scaliger, Angelus Politanus, Magliabecchi u.s.w., den Polyhistoren, die eine Ladung Bücher für hundert Kameele als Materialien für die Wissenschaften in ihrem Kopf herumtragen, muß man nicht verächtlich sprechen, weil sie vielleicht die für das Vermögen der Auswahl aller dieser Kenntnisse zum zweckmäßigen Gebrauch angemessene Urtheilskraft nicht besaßen; denn es ist doch schon Verdienst genug, die rohe Materie reichlich herbeigeschafft zu haben; wenn gleich andere Köpfe nachher hinzukommen müssen, sie mit Urtheilskraft zu verarbeiten.»

Auf die Urteilskraft also kommt es an. Ein unfehlbares Gedächtnis reicht offensichtlich nicht aus. Die von einem Schriftsteller geborgte Geschichte des Ireneo Funes, der nach einem Reitunfall ein totales Gedächtnis besitzt, kann das glaubwürdig machen: «Er kannte genau die Formen der südlichen Wolken des Sonnenaufgangs vom 30. April 1882 – und vermochte sie in der Erinnerung mit der Maserung auf einem Pergamentband zu vergleichen, den er nur ein einziges Mal angeschaut hatte –, und mit den Linien des Wellenschaums, den ein Ruder auf dem Rio Negro am Vorabend eines Gefechtes aufgewühlt hatte. Diese Erinnerungen waren indessen nicht einfältig, jedes optische Bild war verbunden mit Muskel-, Wärmeempfindungen usw. Er konnte alle Träume, alle Dämmerungsträume rekonstruieren. ... Ein Kreis auf einer Schiefertafel, ein Rhombus sind Formen, die wir ganz und gar wahrnehmen können; ebenso erging es Funes mit den verwehten Haaren eines jungen Pferdes – mit einer Viehherde auf einem Hügel, mit dem wandelbaren Feuer und den unzählbaren Aschenstäubchen – mit den vielen verschiedenen Gesichtern eines Verstorbenen während einer langen Totenwache...

Er hatte ohne Mühe Englisch, Französisch, Portugiesisch, Latein gelernt. Ich vermute allerdings, daß er zum Denken nicht sehr begabt war. Denken heißt, Unterschiede vergessen, heißt verallgemeinern, abstrahieren. In der vollgepfropften Welt von Funes gab es nichts als Einzelheiten, fast unmittelbarer Art. ...
Er schien mir monumental wie Erz – älter als Ägypten – früher als die Prophezeiungen und die Pyrami-

den. Ich mußte daran denken, daß jedes meiner Worte (jede meiner Bewegungen) in seinem unerbittlichen Gedächtnis fortdauern würden; mich lähmte die Furcht, überflüssige Gebärden zu machen. Ireneo Funes starb 1889, 21 Jahre alt, an einer Lungenblutung.» (Gastritis oder Migräne wäre überzeugender gewesen.)

Von Freitischen und Chorknaben

> Angel!
> rufe ich
> in das aufgeschlagene
> Buch.
>
> Peter Härtling

Darf ich einmal länger in Klammern sprechen? Bitte. Also: Natürlich ist es Ihnen aufgefallen. Als geheimen Leitfaden seiner Betrachtungen über den eigenen Lebenslauf wählte Johann Georg Tinius, der eines Tages anfing nur noch Bücher zu trinken und langsam seine Existenz zu versaufen, die Vorsehung. Ein in Verruf gekommenes Prinzip, werden Sie sagen. Leicht frömmelnd. Ich will nicht widersprechen. Und doch war es lange sehr beliebt. Literaten, vielleicht sogar Schriftsteller waren in das Prinzip vernarrt. Es machte sie allwissend. Und beruhigte den Leser. Wirkliche Überraschungen blieben aus, weil die Schriftsteller die Fäden selbst geknüpft hatten, an denen sie ihre Protagonisten herumführten. [Wenn Sie mir noch eine zusätzliche Klammer erlauben: Der bürgerliche Romancier ist längst tot. Lebte eigentlich nie wirklich. Denn auch seine Figuren wurden hinterrücks selbständig. Lehnten sich auf. Schnitten die Marionettenfäden ab. Entwickelten eine Eigendynamik. Woher dieses Übel kommt? Unde malum? Ehrlich gesagt, ich weiß es nicht. Sie werden doch auch von mir keine ästhetische Theodizee erwarten! Nur soviel ist sicher: Heute ist alles so unübersichtlich. Selbst der Erzähler verliert oft den Überblick. Klammer zwei zu.]

Und wenn Gott ein Schriftsteller ist? Muß Johann Tinius dann nicht gehorsam dem vorgegebenen Erzählgerüst entsprechend agieren? Kommen Sie mir doch bitte nicht mit Wortungetümen wie Freiheit und Aufklärung. Es geht hier nicht um eine faule Vernunft. Johann Georg tat alles, um seine Rolle zu bebildern. Er war prädestiniert für dieses Stück. Und das in einem doppelten Sinne. Einmal angenommen, sein Schriftsteller habe ihn bereits von Anfang an für das tragische Fach vorgesehen und uns als Publikum eines göttlichen Marionettentheaters? Aber war Johann Georg dann nicht schuldlos? Bereits hier, am Anfang der Geschichte? Vielleicht hat er sich sogar selbst so verstanden? Nochmals – Ihnen entgeht doch nicht meine momentane Symphathie für Johann Georg?: Wenn Gott ein Schriftsteller war, durfte er dann nicht Geschichten schreiben nur zu dem Zweck – aber was heißt hier: nur –, damit Leser sich diese Geschichten als reinigendes Scheuermittel in den Bücherschrank stellen? War Gott ein Schriftsteller, dann war er auch ein guter Dramaturg. Und Johann Georg hatte gefälligst ein guter Darsteller zu sein. Auch wenn er den Part des Schalksknechts zu bebildern hatte. Ein merkwürdiges und lehrreiches Leben

eben, wie er selbst sagt. Aber hat Tinius das damit gemeint?

Stellen Sie sich einmal vor, die Lebensgeschichte drohe zu stocken. Alle Geldquellen seien überraschend versiegt. War es dann nicht Tinius' Pflicht, seine Anlagen, seine Ausdrucksmittel einzusetzen, damit die Geschichte voranginge? Einerseits empfindsam und in sich zurückgezogen, andererseits auch hemmungslos, wenn es darum ging, die anderen für sich in Anspruch zu nehmen. So, so war er. Dramaturgisch gesehen mußte es eine Frau mit gewisser Bildung sein, die ihm alle lästigen Alltagspflichten abnahm und ihn reservelos ins Herz schloß. Ein Mutterersatz und eine Gouvernante. Möglichst mit vertrocknetem Uterus und verwitwet. Denn nach Ersatzvätern stand ihm nicht der Sinn. Allenfalls akzeptabel eine jüngere Tochter, die zu ihm hochschaute und ihn nicht so nervte wie seine eigenen Schwestern. Die Vorsehung meinte es gut mit ihm. Die beste aller denkbaren Schwestern hieß Johanna Sophia, und sie hing ihm jahrelang ergeben an den Lippen. Mutter und Tochter dürfen hier zunächst blaß bleiben. Johanna Sophia taucht allerdings später in einem Zwischenspiel noch einmal auf. Klammer eins zu.)

Unterdessen war ich bei der verwittweten Frau Kämmerinn Böttcher bekannt, und sie durch mein Schicksal gerührt worden. Diese nahm mich nun in ihr

Haus, und hielt mich wie ihr Kind. Sie that es vorzüglich auf Einreden ihrer einzigen Tochter, die am Verstande und Herzen von Gott gesegnet war; ihr habe ich meine städtische Erziehung und die in Oderin angefangene Fortbildung für die Welt zu verdanken. Wohnung, Wäsche und Frühstück genoß ich hier sieben Jahre, obgleich diese beiden edlen Seelen selbst arm waren.

(Sie meinen, es wäre günstiger gewesen, die Frau Kämmerin Böttcher hätte Tinius auch die warme Mahlzeit angeboten? Sie argwöhnen hier einen Fehler im göttlichen Plot? Eine kleine Nachlässigkeit wie beim Übel? Nein. Tinius war ein begnadeter Gast, ein Gesellschaftstalent, das viele Zuhörer brauchte. Ich blende hier kurz den Freitisch beim Kaufmann Lange ein, um Ihnen ein Bild davon zu vermitteln. Ich zeige Ihnen Tinius auf der Höhe seiner Kunst. Etwa zu Ende der Gymnasialzeit. Stellen Sie sich einen ehrlichen, dunklen Antiquitätenladen vor.)

Ein massiger Tisch erdrückt beinahe den Raum. Nackenhohe, mit Samt bezogene Polsterstühle. Ein schwerer Teppich auf stumpfem Holz. Ein (kitschiger) Lüster gibt erstaunlich viel Licht. Gediegenes Geschirr. Am Tische eine siebenköpfige Familie. Wie aus alten Bildern geschnitten. Bedienstete müssen leider draußen bleiben. Kommen nur, wenn geläutet wird. Am unteren Kopfende, dem Hausvater gegenüber, sitzt Tinius. Längst im Rock, der dem aus

Sirach 24 täuschend ähnlich sieht. Der Hausvater stellt eine Frage. Tinius zerfasert in aller Ruhe sein Stück Fleisch, räuspert sich und gibt eine paßgenaue Antwort. Meist rezitiert er, ohne seine Quellen zu benennen, in erstaunlicher Präzision eine lange Passage. Immer redet er wie gedruckt. Wiederholt sich in den ganzen Jahren nicht ein einziges Mal. Bleibt niemals eine Antwort schuldig. Kennt jeden Namen. Bald jedes Buch. Auch das scheinbar noch ungeschriebene. Und weil er jeden Tag woanders ißt, gehen ihm der Stoff und die Zuhörer niemals aus.

Einmal, weil die gesetzten Worte noch nachschwingen, dann aber auch, weil man Tinius seinen Lohn in Naturalien nicht vorenthalten will, tritt nach jedem Vortrag eine längere Pause ein, in der Tinius nachlegt, die schrumpelige Haut der Hausmutter sich lächelnd spannt, die Kinder halb erschrocken, halb fasziniert aus den Augenwinkeln herüberschauen und der Hausvater seine beiden Daumen in die Ärmelausschnitte seiner Rockweste schnallt. Was für ein Freitisch! denkt er. Wird der nächste Gang aufgetragen, erfolgt prompt eine weitere Frage und die Zeremonie wiederholt sich bei anderen Geruchskulissen. Hier Redner, dort Hörer.

(Verlassen Sie jetzt den Antiquitätenladen und stellen Sie sich die folgende Frage: Wie gelangt Johann Georg Tinius an Geld für Kleidung und Bücher? Versetzen Sie sich einmal in seine Lage und suchen Sie eine möglichst plausible Antwort. Denken Sie daran: Das Einfache präpariert oft das Schreckliche. Die Strategie ist einfach. Man muß nur gut singen können. Was Tinius später in der Gerichtsverhandlung allerdings nicht tat. Und nicht tun durfte. Sagen wir ruhig in einer ganz vertrauten Wendung): Tinius hatte eine himmlische Discant-Stimmlage. Sie hielt erstaunliche sieben Jahre, ohne daß man, wie früher üblich, einen lästigen Schnitt machen mußte.

Durch meine Stimme im Chorsingen, da ich 7 Jahre im Discant die erste Stelle gehabt habe, ist mir das dasige Convictorium und meine Kleidung jährlich mit den nöthigen Büchern zu Theil worden.

Johann Georg Tinius kultivierte seine Kunst. Jeden Samstagabend gab er, begleitet von zwei Flötisten, privat in kleinem Zirkel einige Chorstücke zum besten. An Einladungen mangelte es ihm nicht. Jeden dieser Abende beschloß er damit, der Hausherrin ein speziell für sie ausgesuchtes Lied zu widmen. Zumeist war es ein rührendes Abendlied, das seinen Eindruck nicht verfehlte.

> Der Mond ist aufgegangen,
> die goldnen Sternlein prangen,
> am Himmel hell und klar.
> Der Wald steht schwarz und schweiget,
> und aus den Wiesen steiget
> der weiße Nebel wunderbar.

Wir stolze Menschenkinder
sind eitel arme Sünder
und wissen gar nicht viel.
Wir spinnen Luftgespinste
und suchen viele Künste
und kommen weiter von dem Ziel.

So legt euch denn, ihr Brüder,
in Gottes Namen nieder,
kalt ist der Abendhauch.
Verschon uns, Gott, mit Strafen,
und laß uns ruhig schlafen
und unsern kranken Nachbarn auch.

Da stand Johann Georg nun im weißen Chorhemd und sang im schönsten Discantton. Und in der süßlichen Aufgeregtheit erschien der Hausherrin alles vergrößert und schöner. In diesem Augenblick war das weiße Hemd weißer als weiß. In diesem Augenblick war die Stimme überirdisch. In diesem Augenblick war das Zimmer kein einfaches Zimmer mehr. Und als er nach dem Gesang zu ihr trat, hatte sie die fünf Groschen, die sie für ihn zurechtgelegt hatte, in einen Taler verwandelt. (Das machte zwei Bücher. Mindestens.)

Er kauft eine U-Bahnfahrkarte und erfährt das Schicksal zweier Bücher

Habent sua fata libelli
Terentianus Maurus

Falk Reinhold verließ eilig (hier müßten Sie hurtig lesen, aber wer versteht das Wort heute noch) die Wohnung. Er, der Bücherbergkumpel, ging in den real existierenden Untergrund. Mit einem erstaunlichen Maß an Alltagsklugheit drängelte er sich routiniert am Fahrkartenautomaten vor, rannte, um die verstopfte Rolltreppe zu umgehen, die Stufen hinunter und drückte sich mit einem lehmigen Ausdruck von Selbstverständlichkeit in das überfüllte Abteil. Nicht einmal die feuchte Schwüle drang in ihn ein. Eine Station später stieg er wieder auf. Unterwegs überholte er zwei segelnde Frauenschultern, die vor ihm kreuzten und in denen sich der Wind mächtig verfangen hatte. Dann betrat er, angestrengt seine Atmung in die alte Frequenz pressend, das Antiquariat.

Unnötig zu betonen, daß die grün gestrichene Tür offenstand. Völlig überflüssig zu erwähnen, daß der Antiquar nur kurz aufschaute. Muß man wirklich niederschreiben, daß Falk Reinhold instinktrein das Buch ansteuerte? Als er es in die Hand nahm, klebte ein anderer Band am Deckel des ausgesuchten fest, unzertrennlich, wie zwei Seiten einer Tapete. Gewalt. Falk Reinhold brauchte Gewalt, um die beiden Bücher zu trennen. Zwei dicke Leinenfäden klebten jetzt am Ledereinband des anderen Buches fest. So hatte sich die Verstoßene gegen die Scheidung gesträubt. Betont sachlich, ohne Anflug von Emotionen, stellte Reinhold das ausgesonderte Buch in den Schrank, redete ein paar Sätze mit dem Antiquar, zahlte... (Aber Sie kennen diese Szene ja schon. Lassen Sie jetzt, um hier abzukürzen, den Film rückwärts laufen, und setzen Sie die Lektüre wieder fort in der Wohnung von Falk Reinhold.)

Der Inhalt des Buches fesselte Reinhold nicht. Ledern der Sinn. Ungebunden die Konzentration. Verstümmelt der Textleib. Verwildert die Gedanken. Ausgetrocknet der Erzählfluß. Einen Finger in die Seite gelegt, an der er endgültig abgerutscht war, legte er sich hin, und es träumten ihm die Schicksale zweier Bücher.

Wissen Sie, was es heißt, das Buch eines bigotten Mörders zu sein?	Wissen Sie, was es heißt, das Buch eines nestelnden Kerls gewesen zu sein?
Unterschätzen Sie das Gefühl bitte nicht. Schließlich sind wir der erweiterte Leib unserer Besitzer, und Lob und Tadel gehen auch uns unter die Haut.	Unterschätzen Sie das Gefühl bitte nicht. Schließlich sind wir der erweiterte Leib unserer Besitzer, und Lob und Tadel gehen auch uns unter die Haut.

Vergessen Sie bitte nicht, ich komme ursprünglich aus gutem Hause. Meine erste Erinnerung reicht an den Diplomaten Friedrich Bast zurück, der in Paris in den Diensten des preußischen Königs wirkte. Er nahm mich häufig zur Hand. Dieser weiche und zugleich weltmännische Griff des Diplomaten ist mir unvergessen. Mein dreizehntes Kapitel vervielfältigte er eigenhändig für seine hellenistischen Studien. Sein plötzlicher Tod ging mir nahe. Bedeutete auch eine gewisse Unsicherheit, was die Zukunft betraf. 1812 kam es zur Versteigerung der ganzen Bibliothek. Wir alle zeigten uns von unserer besten Seite. Denn längst hatten wir gehört, daß ein Gesandter des Königs mitbot. Zuerst hielt ich die Angebote ei-

Ich habe eigentlich gar keine Vorgeschichte. Lange stand ich in den Regalen einer lauten Buchhandlung. Einmal jährlich wurde ich gezählt, und nach der siebten Zählung wurde mein Schnitt unten mit einem langen Strich versehen, und ein Stempelkissen brandmarkte meinen Unterleib. Seitdem trage ich dieses Kainsmal — remittend —, das einzige lateinische Wort, das ich kenne und das nichts Gutes für mich bedeutete. Mit anderen Büchern, denen das gleiche Zeichen eingebrannt worden war, wurden wir in einen Korb vor die Tür vertrieben. Zuerst erschrak ich bei der ersten Berührung, ich, die niemand je mit Interesse berührt hatte. Der Kontakt blieb nur flüchtig. Es war nicht der einzige an jenem

nes eher ärmlich gekleideten Herren für ein abgemachtes Spiel zwischen dem Auktionator und ihm. Und richtig, der Vertraute des Königs wurde bereits ärgerlich und bedeutete dem Auktionator, er möge das Spiel nicht überdehnen. Einmal noch überbot er im letzten Moment den Störenfried, dann zog er sich beleidigt zurück. Statt königlicher Residenz, erwartete uns ein drittklassiges, völlig mit Büchern überladenes und schlecht gelüftetes Haus mitten in der Provinz. Degoutant. Eine Art Gemischtwarenladen für Literatur. Immer wenn der Herr Pfarrer mich in die Hand nahm und den Lederrücken mit der Handfläche drückte, weigerte ich mich, meinen Inhalt preiszugeben, solange, bis er gewaltsam Tag. Etwa dreißigmal wurde ich hochgenommen, aufgeklappt und wieder fallengelassen. Auch an den nächsten Tagen wurden wir wieder an den Bordstein geschoben, um uns anfassen zu lassen. Mein billiges und rauhes Leinengewand bekam gräßliche Flecken. Bereits am dritten Tag fühlte ich mich, als liefe ich in einem alten Sack herum. Dann kam dieser Kerl. Kurz nach der Mittagspause. Die ganze Zeit nestelte er an mir herum, rieb, mit angefeuchtetem Finger – und abgekauten Fingernägeln, einfach gräßlich – an meinen Blessuren, als seien sie nur angeschminkt. Betreten schaute ich noch weg, da merkte ich, wie ich in seinen großen dunklen Beutel rutschte. Ich, eine geklaute Ramschware.

mit seinem dicken, schlecht geschnittenen Fingernagel in mein Inneres eindrang. Er tat es nur zweimal. Schaute auch nur mein Innenleben an, ohne darin wirklich zu lesen. Klebte sein feuchtes Exlibris in mich ein und stellte mich dann zu den anderen, nein, er zwängte mich mit anderen in ein viel zu enges Bücherbord. Man bekam kaum Luft. Dieser rohe Widerling. Und dann: erst die Gerüchte; dann die Gewißheit. Dieser Pfarrer ein Mörder. Und wir die Steine des Anstoßes. Nur aus einer unanständigen Neugierde heraus kauften viele von uns ein Antiquar auf. Ich wechselte bisher nur die Antiquare, kam aber nicht wieder in privaten Besitz. Eine gewisse Ablenkung verschaffte mir erst wieder jenes er- Welch ein sozialer Abstieg! Ersparen Sie mir eine Bemerkung über seine Wohnung. Lassen Sie mich nur kurz die weitere Schändung erzählen: Zuerst versuchte er es mit einem Radiergummi, dann mit Spiritus, dann mit Löschbenzin, aber die Aufschrift des Stempels: «Remittend» ließ sich nicht restlos entfernen. Zudem kroch Feuchtigkeit in mir hoch. Mein unterer Buchschnitt warf Wellen. Ich taugte nicht einmal mehr für ein billiges Geschenk. Ärgerlich verstaute mich dieser Kerl wieder in seinen Diebessack und trug mich zur Buchhandlung zurück. Beinahe verächtlich warf er mich wieder in den Korb. Natürlich hatte ich keine Chance mehr, von einem netten und aufrichtigen Menschen gekauft barmungswürdige Geschöpf, das Sie im Antiquariat an meiner Seite trafen. Mit den Jahren haben wir uns angefreundet. Sie ist mir ans Herz gewachsen in ihrer frischen, natürlichen, manchmal naßforschen Art. Und: Sie wird mir sicher fehlen, wenn ich auch froh bin, hier ein angemessenes neues Zuhause gefunden zu haben. Machen Sie es gut, Werteste.

zu werden. Als Kiloware verschwand ich in einem Antiquariat, wo ich dieses reizende und gebildete Buch traf, das mir ohne große Vorurteile begegnete. Natürlich wirkte seine Bildung auf mich zunächst erdrückend — aber, so darf ich sagen, er hat mich ohne Ansehen der Person aufgenommen, bis Sie uns so grausam trennten. Soweit mein Schicksal. Schlafen Sie gut. Lebe wohl, alter Freund.

(Der Charakter von Reinhold dürfte Ihnen so plastisch vor Augen stehen, daß Sie sich selbst den Fortgang der Geschichte erzählen können.)

Vierter Teppich:
Bücher haben Gesichter

Haben Bücher und Reden Gesichter, oder ist die Rede vom Gesicht eines Buches nur eine sehr durchsichtige Projektionsmetapher von Schreiberlingen? Zumindest gilt die Vorliebe für diese Metapher europaweit.

«Aber das wirst du doch zugeben, denke ich: daß jede Rede wie ein Lebewesen organisch aufgebaut sein und ihren eigenen Leib haben muß, so daß sie weder ohne Kopf noch ohne Füße ist, sondern Mitten und Enden hat, die so geschrieben sind, daß sie zueinander und zu dem Ganzen in einem passenden Verhältnis stehen.» So einer aus Athen.

Jahrhunderte später pflichtet ihm der Weise aus Königsberg bei: «Der Titel ist mir das Gesicht und die Vorrede der Kopf, bei denen ich mich immer am längsten aufhalte und beinahe physiognomisiere.»

Aber auch weiter südlich, in Italien, kann man offensichtlich diese Erfahrung machen. «Der Blickspur folgend, bist du im Laden vorgedrungen, mitten durch die Reihen der Bücher, Die Du Nicht Gelesen Hast, die dich finster anstarren von Regalen und Tischen, um dich einzuschüchtern.»

Oder ein ganz unverdächtiger Wiener Zeuge: «Jedes Wort – so möchte man sagen – kann zwar in verschiedenen Zusammenhängen verschiedenen Charakter haben, aber es hat doch immer *einen* Charakter – ein Gesicht. Es schaut uns doch an.»

Zurückhaltender urteilt ein Göttinger Erfinder in seinen «Sudelbüchern»: «So sieht man im Sand Gesichter, Landschaften usw., die sicherlich nicht die Absicht dieser Lagen sind. Symmetrie gehört auch hierher. Silhouette im Dintenfleck pp. Auch die Stufenleiter in der Reihe der Geschöpfe, alles das ist nicht in den Dingen, sondern in uns. Überhaupt kann man nicht genug bedenken, daß wir nur immer uns beobachten, wenn wir die Natur und zumal unsere Ordnungen beobachten. Gott selbst sieht in den Dingen nur sich.»

Auf einem Nebenpfad lustwandelt ein Franzose: «Der Text hat eine menschliche Form, er ist eine Figur, ein Anagramm des Körpers? Ja, aber unseres erotischen Körpers. Die Lust am Text wäre nicht reduzierbar auf sein grammatisches (phänotextuelles) Funktionieren, so wie die Lust des Körpers nicht reduzierbar ist auf das physiologische Bedürfnis. Ist die erotischste Stelle eines Körpers nicht da, *wo die Kleidung auseinanderklafft*? Bei der Perversion (die das Spezifische der Textlust ist) gibt es keine ‹erogenen Zonen› (ein im übrigen ziemlich nervtötender Ausdruck); die Unterbrechung ist erotisch, wie die Psychoanalyse richtig gesagt hat: die Haut, die zwischen zwei Kleidungsstücken glänzt (der Hose und der Bluse), zwischen zwei Säumen (das halb offene

Hemd, der Handschuh und der Ärmel); das Glänzen selbst verführt, oder besser noch: die Inszenierung eines Auf- und Abblendens.

Auf der Bühne des Textes keine Rampe: hinter dem Text kein Aktivum (der Schriftsteller) und vor ihm kein Passivum (der Leser); kein Subjekt und Objekt. Der Text macht das grammatikalische Verhalten ungültig: er ist das undifferenzierte Auge, von dem ein exaltierter Autor spricht (Angelus Silesius): Das Auge, durch das ich Gott sehe, ist dasselbe Auge, durch das er mich sieht.»

Und wenn Bücher eines Tages den Leser nicht mehr anschauten? Würde das den Untergang des Abendlandes einläuten? So ist es.

Rhetorik der Armut

> Anstatt einen Helden immer in seinem Homer lesen zu lassen, wollte ich ihn lieber in das Buch sehen lassen, aus dem Homer selbst lernte; das wir ganz ohne Varianten und ohne Dialekte vor uns haben.
>
> G. Ch. Lichtenberg

Die Autorität einer Wirklichkeit wollte es, daß Johann Georg Tinius arm war. Die Wirklichkeit einer Autorität wollte es, daß er trotzdem ans Ziel kam. Ostern 1789 verließ er, inzwischen fünfundzwanzigjährig, die Schule. Seine wünschelrutensicher angezapften Quellen sprudelten plötzlich nicht mehr. Bereits die letzten vier Jahre waren schwierig gewesen, weil er 1785 – dankbar spät – seine Discantstimme verloren und in den Baß hinübergewechselt war. Jäh erwachsen, büßten seine samstäglichen Auftritte rapide an rührender Wirkung ein. Musikalische Versuche in größerer Besetzung bescherten ihm nur mäßigen Erfolg. Ein teures Universitätsstudium, sein Traum, schien jetzt unmöglich. Wenn da nicht ein innerer Regungsherd ihn an einem Augustmorgen vor die Stadt geführt hätte. (Aber hören Sie doch Tinius in seinem unnachahmlichen Stil selbst):

Vertieft in Sorgen, und früh erwacht, ging ich an einem Morgen zum ersten Male in Brasuls Garten, bei der Stadt, und fand dort einen unbekannten Mann nebst einem Studenten. Es war der Hausmann des Hrn. D. Grubal, der Schuhmachermeister Bautl mit seinem Sohne. Unsere Reden führten mich auf die Erzählung meines Schicksals und meiner Verlegenheit. Nachmittags erhielt ich von diesem Manne ein Billet mit dem Anerbieten einer freien Wohnung von dem Hrn. D. Grubal in seinem Hause. Heil dem Manne! ich segnete die Führung des Herrn an diesem Morgen in jenem Garten, wohin sonst jener Mann im ganzen Jahre nicht zwei Mal kam.

Tinius tat alles, um das hochgestimmte Schicksal bei Laune zu halten. Nicht nur im Garten den Schuhmachermeister Bautl, sondern auch den Examinator für das kurfürstliche Stipendium, Professor Hiller, einen hageren, stirnglatzigen Mann mit zwei grimmigen, aschfarbenen Magenfalten, die jeweils von der Nase hin zu den Mundwinkeln das Gesicht durchfurchten, und mit feinen, nur ans Bücherlesen gewohnten Händen, wußte er zu rühren. Es war ein Kinderspiel. Auswendig sagte Tinius nicht nur die ersten drei Kapitel der Apokalypse auf, in scharf prophetischem Ton, der in der gekachelten Stube noch an Volumen zunahm, sondern auch zwei Seiten aus der «Naturalis Historia» des Plinius. Beim Vortrag blieb seine Gestik reduziert, ohne rhetorische Gebärde. Wie ein regloses

Mundstück der Vergangenheit. Das genügte für das Placet des Herrn Professor. Solch ein göttliches Talent durfte einfach nicht verwildern. Dabei war es nur (nur? ich will mich noch nicht festlegen) die angelernte, bei den Alten geübte Rhetorik, die er als Rhetorik der Armut aufführte. In seinen Confessiones bekennt er es freimütig:

Allein ich habe erfahren, daß Einsamkeit als solche, nicht die Quelle der Geringschätzung wird, wenn nur andere Quellen der Hochschätzung nicht verstopft sind; Fleiß, gute Aufführung, Kopf und gutes Betragen gegen die Brüder, erwerben mehr Achtung, als die Theilnahme an vielen öffentlichen Gesellschaften und Lustbarkeiten. Die Armuth ist die beste Schutzschrift gegen solche Zumuthungen; man denkt, dieser ist ein armer Schelm und kann nicht mitmachen, und dieser Gedanke erzeugt ein Gefühl des Bedauerns, welches sogar Achtung erwirbt.

Jetzt hatte er sein Ziel erreicht. Jetzt durfte er studieren. Jetzt war kein Buch mehr vor ihm sicher. Geschichte, Moral, Philosophie, Exegese, heilige und profane Schriftsteller. Tinius trank das Papier wie ein Süchtiger. Sein Tagesablauf war der eines Papiersüchtigen.

    5.15 Uhr: Aufstehen. Fünf Seiten aus den Lateinern. Etwa den «Gradus ad Parnassum» von Quicherat.

6.00 Uhr: Frühstück. Convictbrot mit Wasser.
6.30 Uhr: Morgenandacht.
7.00 Uhr: Memorieren einer Ode von Horaz.
7.30 Uhr: Bibellektüre im Original (seiner Neigung gemäß meistens die Apokalyptik).
9.00 Uhr: Collegstunden.
12.00 Uhr: Mittagspause. Aufgelockert durch die Lektüre eines Schriftstellers. Mit Vorliebe Youngs «Nachtgedanken».
13.00 Uhr: Collegstunden.
16.00 Uhr: Privatstunden bei Prof. Reinhard und Prof. Fenichen.
18.00 Uhr: Stipendiaten-Übungen in der Augustea.
19.30 Uhr: Freitisch mit gelehrten Gesprächen.
21.00 Uhr: Schriftliche Exegese.
22.00 Uhr: Bettlektüre. Vorwiegend lateinisch.

Zweieinhalb Jahre hielt Johann Georg Tinius diesen Rhythmus durch. Dann erkrankte er an Papierbulimie. Bis ein Arzt ihm dringend riet, eine Hauslehrerstelle anzunehmen, um seinen randvoll mit Wissen gefüllten Körper langsam im Unterricht zu entleeren. Schweren Herzens trat Johann Georg Tinius deshalb zum Weihnachtsfest eine Stelle in Casel an. Es war eine notwendige Herablassung oder, wie Tinius mit einer biblischen Anspielung sagte: *Hier nun fing ich an ein Kind zu werden und von meiner philosophischen Höhe mich herab zu lassen.* (Sie kennen doch die Stelle: Wenn ihr nicht werdet wie die Kinder... Und wurde nicht auch zu Weihnachten... Genau. Offensichtlich erkannte Tinius in der biblischen Lebensgeschichte seine eigene wieder. Mit fast aberwitziger Konsequenz): *Da verlor sich Schwindel und Hyperchondrie.* (Sie merken doch hoffentlich, wie sich unsere Sympathie für Tinius wieder merklich abgekühlt hat?)

Im flackernden Lichtkreis einer Kerze sehen wir Johann Georg Tinius im Hauslehrerornat. Vor ihm drei Schüler. Ihre Gesichter mehr stumpf als offen. Einer umschließt den Griffel wie einen Faustkeil, weil seine großen und ungelenken Finger sonst immer die Spitze abbrechen. Sie bricht trotzdem oft ab. Einer massiert mit der Handfläche die breite Nase, wenn er eine Antwort nicht weiß. Er massiert sie oft. Einer fällt, wenn Tinius eine kleine Pause macht, sofort vornüber, und Tinius muß dann schnell weiterreden, damit er wieder hochschaut. Er fällt immer seltener vornüber. Weil Tinius immer öfter redet. Metaphysik für Kinder? Tinius läßt sich niemals ganz auf den Boden herab, sondern schwebt immer ein wenig darüber. Vielleicht hofft er, seine Schüler würden ihm nachlaufen und nach ihm hochspringen, wie nach einem Drachen, der in geringer Höhe über einem Acker tanzt. Sie tun es nicht. Früh ergreist schauen sie aus sicherer Entfernung zu ihm hoch. Oft lächelnd. Aber selten mit Elan. Zwar lernen sie gehen, aber eben nicht fliegen. Deshalb macht Tinius sie an den Nachmittagen zu Hörern seiner eigenen Examensstoffe. Er wechselt nur den Tonfall, damit das Personal oder die Eltern, wenn sie einmal vorbeikommen sollten, den Stoff für Unterricht halten. Und immer öfter verlegt er den Unterricht nach draußen. Einmal, um sich der Kontrolle zu entziehen. Dann aber auch, weil die Begeisterung seiner Schüler an frischer Luft bemerkenswert zunimmt. So gelingt es ihm, das Pensum für das Examen in der gleichen Zeit zu absolvieren, die dafür im Studienplan in Wittenberg vorgesehen ist. Nicht einmal zwei Jahre später meldet er sich zur Prüfung an. Sollte das Examen seine Schädelstätte werden? Würde er die Prüfung bestehen? Würde ihn das Examen endlich aus den Niederungen seiner Herkunft herausholen?

Ich beschloß also, mich in Dresden examiniren zu lassen. Ich wurde auf den 4. Oct. 1793 zum Examen beschieden. Es war eine eigene Empfindung, mit der ich jene Gerichtstreppe bestieg. Mein Lohn war die erste Censur, und ich freute mich, daß ich nicht vergeblich bisher gegessen und getrunken, gelitten und gearbeitet hatte.

Er spaziert durch den Text und rutscht in einem Nebensatz aus

> Ein Vorhang reißt auf: Eine neue Szene, eine andere Welt, eine erste Wahrheit, an die man sich halten kann.
>
> Horst Krüger

Ein Meter ist ein Meter ist ein Meter. (Richtig.) Für Schildkröten, die Achillessehnen der Logik, für Fahrkartenkontrolleure, die im Zug gegen die Fahrtrichtung anrennen, für Leser, die schleichend Zeilen buchstabieren müssen. Falk Reinhold war ein geübter und gewissenhafter Leser. Deshalb haßte er den Zeilensprung. Diese intellektuelle Athletik. Querlesen? Schon das Wort genügte, seine Mundwinkel nach unten zu kehren. Überfliegen? Unmöglich. Wie Magneten zogen ihn die Buchstaben an. Ihm war der Text sein Norden. Immer horchte er ihn ab auf einen Zwischenton, eine kleine Unstimmigkeit, den Tüttel einer Bedeutung, stocherte in den Klangwolken herum, fuhr die Lineamente der Sprache nach, erspürte die Nuancen einer Atmosphäre, unterschied sicher die abgestandene Dunstwolke von frischer Zugluft, unterteilte die Texte dann in Sinngelenke und prüfte schließlich alle metaphorischen Springfedern.

Heute, an diesem wetterlosen Herbsttag, suchte Reinhold in der merkwürdigen Biographie des Magister Tinius wie der Jäger nach einer Spur. Sagte der Text zwischen den Zeilen noch anderes? Von unten leuchtete das Buch in sein Gesicht; weil er den Text beinahe schon auswendig kannte und er davon blind zu werden drohte, buchstabierte er immer die ersten Wörter einer Zeile. Er las und buchstabierte. Buchstabierte und las. Ein anstrengender Spaziergang. Bis er auf der achten Seite ausrutschte. In einem Nebensatz. Vielleicht, weil der Bodensatz der Geschichte so glitschig war. Zu pomadig die Sprache. Deshalb sah er sich, Reinhold, der sich wie eine alte Plastik konzentrieren konnte, nicht vor. Führung. Vorsehung. Es waren diese Wörter, die ihm den Boden unter den Füßen wegzogen. Er fuhr sich über die Augen. Noch auf der Unterseite beider Lider standen die Wörter wie eingebrannt. Führung. Vorsehung. So lautete der Schlüssel zu diesem merkwürdigen Leben. (Endlich merkt er es. Sie haben ja bereits einen kleinen Vorsprung. Reinholds Methode, wie er dem Tinius auf die Spur gekommen ist, sollten Sie sich aber ins Gedächtnis einbrennen. Unbedingt. Doch zunächst vor der Arbeit ein kleiner erzählerischer Einschub zur Erholung.)

Falk tauchte jedes Wort wie eine Madeleine in den längst kalt und bitter gewordenen Tee und ließ es dann langsam auf der Zunge zergehen. Und schon transportierte das Gedächtnis aus dem Magazin der

Bilder eine Szene vor Augen, die lange zurücklag. Er, Falk Reinhold, besuchte mit seinem Großvater einen alten Mann. Wenn er saß, hätte man ihn für den Großvater halten können. Standen beide aber nebeneinander, dann wirkte er wie dessen gestauchtes und zerknülltes Abziehbild. Es war sein Halbbruder. (Von Falk Reinhold also ein halbseitiger Schwagergroßvater. Die Bezeichnungen für Familienverhältnisse sind immer so unsicher. Finden Sie nicht auch?) Die Einrichtung des Zimmers war alt und verschlissen. Abgewetzt das alte braune Wachstuch auf dem wackligen Küchentisch. Immer verkroch sich Falk für Minuten dort und zog, wenn die beiden Alten oben kurz einmal aufgestanden waren, einen Bierdeckel für seine Sammlung unter einem Tischbein hervor. Es waren immer andere Motive. Viel später erst dämmerte Falk, dieser alte Mann habe heimlich mitgespielt und nur für ihn die schönsten Bierdeckel unter dem Tischbein vergraben.

Einen Gegenbesuch bei Reinholds machte dieser Alte, dessen schwerer Kopf von Pigmentflecken übersät war und der immer wie eine angekokelte Baumrinde aussah, nicht. Wenn jemals das Sprichwort vom schwarzen Schaf ins Fleisch auferstanden war, dann hier. Unterschlagung, Konkurs, Scheidung, Körperverletzung. Dieses Geviert von Unwörtern, das auf ihn zutraf, belastete ihn bleischwer und hatte ihn schrumpfen lassen. Öffentlich wurde niemals darüber gesprochen. Diese Geschichten standen auf der schwarzen Gesprächsliste ganz oben. Aber immer fiel während dieser Besuche, die sein Großvater mit einer stumpfen Selbstverständlichkeit ausführte, das Wort Vorsehung. Mir ist dieses Leben vorherbestimmt, und ich muß mich mit diesem schweren Los abfinden, sagte der Alte mit einer festen Stimme und wuchs in diesen Augenblicken seinem Halbbruder, der immer ehrlich und auch unsicher gewesen war, über den Kopf. Und für Sekunden nur wirkte dann sein zerknülltes und verbranntes Gesicht glattgestrichen und hell. Schon damals glaubte Falk wahrzunehmen, daß der einzige Satz, den seine Großmutter, die die beiden selten begleitete, zu diesem Thema hervorpreßte, Gerrit, sagte sie dann, Gerrit, du hast eine traurige Berühmtheit, an ihm vorbeihuschte, auf jeden Fall die Wirkung verfehlte, weil ein sprödes Lächeln über seine schmalen Lippen kroch.

Hart setzte Falk Reinhold die Tasse ab. Der Film riß. Wieder saß er vor seinem Text. Nun kam die Arbeit. (Und damit auch Arbeit für Sie.) Seine Methode. Um die Schründe und Runzeln dieses glattpolierten Textes aufzudecken, mußte man ihn selbst verletzen. Die Textur aufrauhen. Den Erzählfluß manipulieren. Dreimal schrieb er die für ihn so wichtige Stelle um und vermied erst einen, dann zwei, dann drei (dann vier ...) Buchstaben. Zunächst das nörgelnde, nestelnde, nuschelnde, nichtende und nervende N. Ein Text ohne Möglichkeiten der Verneinung. Rundum positiv. Mochte er noch so verschroben oder schrecklich sein. Das Nein, die Ablehnung, war aus der Welt. Woher auch die Kraft nehmen, wenn die himmlischen Nornen das N für sich reserviert hatten. Also: die N-Dämmerung.

Die trübe Aussicht lastete schwer auf mir, deshalb erwachte ich früh, machte mich auf zum Park bei der Stadt, der hier Brasuls Park heißt. Es war das erste Mal, daß ich dort war. Ich traf auf zwei Fremde: Schumachermeister Bautl, der Hausmeister der Grubals, samt Filius. Das Gespräch drehte sich bald um das Schicksal, das mich betraf. Vielleicht der halbe Tag verstrich, da kam das Billett, das mir freie Logis zusagte. Ich lobte Gott, weil er mich heute zum Park geschickt hatte, wo dieser Herr vielleicht ausschließlich jährlich verkehrte.

Jetzt das dunkle O. Wie in Opfer, Opportunist oder ordnungsgemäß. Oder Gott.

Die trübe Aussicht lastete schwer auf mir, deshalb erwachte ich früh, machte mich auf zum Park bei der Stadt, der hier Brasuls Park heißt. Es war das erste Mal, daß ich da war. Ich traf auf zwei Fremde: Schumachermeister Bautl, der Hausmeister der Grubals, samt Filius. Das Gespräch drehte sich bald um das Schicksal, das mich betraf. Vielleicht der halbe Tag verstrich, da kam das Billett, das mir die kaum erwartete Schlafstelle zusagte. Ich pries das Schick-

sal, weil es mich heute zum Park geschickt hatte, da dieser Herr vielleicht ausschließlich jährlich verkehrte.

Jetzt das E. Fast unersetzbar. Aber wieviel mehr Tempo zeigt die Geschichte. Als sei die Vorsehung kurzatmig. Ein Stakkato-Tonfall. Nichts ist unvollendet, weder die Gegenwart noch die Vergangenheit.

Schicksalsdruck ruft mich wach. Ich lauf zum Park, stadtnah, Brasuls Park. Auch Bautl, Schuhflickfachkraft, Grubals Hausbursch da, samt Filius, mir frisch. Bald sag ich das Schicksal, das mich traf. Mittags kam das Kundstück, das mir Schlafstatt aufnötigt. Ich lab das Schicksal, das mich früh zum Park führt, da ich Bautl traf.

Jetzt war der Text rauh genug. Ohne verneinendes N. Ohne oppositionelles O. Ohne unsicher rückwärtsgewandte E's. Die reale Gegenwart des Schicksals und Tinius (darf ich sagen, unser Tinius?) als selbsternannter Protokollant der Vorsehung. Diese Spur mußte Reinhold weiter verfolgen. Hatte nicht der späte Tinius im Gefängnis auch Texte auf versteckte Mitteilungen hin abgehört? Hatte er nicht selbst den dunklen Brunnen der Offenbarung des Johannes ausgeleuchtet? Hatte er nicht aus der Bibel in physischer, politischer und theologischer Hinsicht erklärt, wie und wann der Jüngste Tag kommen wird? Und war vielleicht Falk Reinhold von der Vorsehung auserkoren, hinter das Geheimnis von Tinius zu kommen? (Vielleicht würden Sie so weit nicht gehen. Sie sind schließlich aufgeklärte Mitteleuropäer, bei allen Vorbehalten dem N, O und E gegenüber. Eine entschuldigende Anmerkung unsererseits: Reine Bequemlichkeit läßt uns die drei Buchstaben auch weiterhin gebrauchen.)

Fünfter Teppich:
Lesen verändert

Liest man vielleicht in vielen Schriften immer nur die eigene Lebensgeschichte, wie jemand einmal bei der Lektüre des Alten Testaments meinte? «Ich erkannte meine eigenen Verbrechen in der Geschichte des jüdischen Volkes, ich las meinen eignen Lebenslauf und dankte Gott für seine Langmuth mit diesem seinem Volk, weil nichts als ein solches Beyspiel mich zu einer gleichen Hoffnung berechtigen konnte.»

Seine Madeleine essend, pflichtet ihm ein Franzose bei, wenn er behauptet, das Werk eines Schriftstellers sei «dabei lediglich eine Art von optischem Instrument, das der Autor dem Leser reicht, damit er erkennen möge, was er in sich selbst vielleicht sonst nicht hätte erschauen können».

Tolle, lege also, um das eigene Leben zu entdecken? Auf den Zuruf eines spielenden Kindes hin: Nimm und lies! kommt es zur Wende im Leben des Libertin Augustinus. «So ging ich eilends wieder an den Platz, wo Alypius saß: denn dort hatte ich das Buch das Apostels hingelegt, als ich aufgestanden war. Ich ergriff es, schlug es auf und las stillschweigend für mich den Abschnitt, auf den zuerst mein Auge fiel: ‹Nicht in Schmausereien und Trinkgelagen, nicht in Schlafkammern und Unzucht, nicht in Zank und Neid, vielmehr ziehet an den Herrn Jesus Christus und pfleget nicht des Fleisches in seinen Lüsten.› Weiter wollte ich nicht lesen, und weiter war es auch nicht nötig. Denn kaum war dieser Satz zu Ende, strömte mir Gewißheit als ein Licht ins kummervolle Herz, daß alle Nacht des Zweifelns hin und her verschwand.»

Ein Florilegium von Leseerlebnissen bezeugt aus berufenem Mund, daß Lesen verändert.

«Mir war klar, daß ich auch hier gewissermaßen in einem Text einen anderen Text gelesen hatte, meine eigenen Vorstellungen, meine eigene Unreife; daß aber, was dort erlaubt, ja geboten sein konnte, weil das Wort auf andere Worte, auf Unausgesprochenes hinwies, hier absurd war, weil in meinem Kopf eine Erkenntnis, eine Prophetie auf dem Kopf stand. Dennoch mischte sich in mein Entsetzen Erleichterung. Plötzlich war eine Schrift vor meinem Auge erschienen, die ich lange erwartet, auf die ich gehofft hatte.»

«Franz Kafka schrieb, ein Buch, also das Lese-Erlebnis, müsse die Axt sein für das gefrorene Meer in uns; und so müßte das Wort ‹Erlebnis›, ‹Lese-Erlebnis› wieder so ursprünglich genommen werden: daß es Leib und Leben betrifft, dies Lese-Erlebnis; daß es wie ein Selbstmord eines nahen Freundes wirkt, wie ein Entleiben; und nicht so, wie ein Tourist sagen könnte: das war aber ein Erlebnis!; ich wundere mich, daß ich in Eichendorffs Novelle «Das Marmorbild» ein Bild ähnlich dem von Kafka finde: die Töne einer Tanzmusik wecken dort ‹all die Lieder, die unten gebunden schliefen, und Quellen und Blumen und uralte Erinnerungen und das ganze eingefrorene, schwere stockende Leben wird ein leichter klarer Strom›; Eichendorff denkt sich also ein sanfteres Aufbrechen des gefrorenen Lebens als Franz Kafka. Und ich spüre diese Wirkung beim Lesen.»

«... jeder einzelne von uns, wie beschränkt unsere Sensibilität auch immer sein mag, hat gewiß solches unerbetene, unerwartete Eintreten nicht abweisbarer Gäste erlebt. Es geschah zwischen zwei Zügen an einem Bücherstand im Frankfurter Hauptbahnhof, daß ich einen ganz dünnen Gedichtband nahm und eher nebenbei durchblätterte, weil mir der etwas seltsame Name des Autors ins Auge gefallen war. Fast schon in der ersten Zeile, an der ich hängenblieb, war von einer Sprache die Rede, die sich aus Worten ‹nördlich der Zukunft› zusammensetzt. Ich erinnere mich heute nicht mehr, ob ich den vorgesehenen Zug bekommen habe, doch Paul Celan hat mich nie wieder verlassen.»

«Im Lauf der Jahre wurde die Zwiesprache, die ich in den Büchern suchte, immer bestimmter und eindringlicher, richtete sich immer tiefer ins Persönliche, und so wurde sie auch immer seltener, denn nur wenige konnten etwas von den Dingen ausdrücken, in denen die Wurzeln des Daseins angerührt wurden. ... Die Stimmen der Bücher forderten mein Mittun, die Stimmen der Bücher forderten, daß ich mich öffnete und auf mich selber besann. ... Ich lernte, daß es unter der Logik eine andere Folgerichtigkeit gab, eine Folgerichtigkeit von undurchschaubaren Impulsen, hier fand ich mein eigenes Wesen. Alle Stadien meiner Entwicklung hatten ihre Bücher.»

«Ich war sieben Jahre alt, als ich ‹Durchs wilde Kurdistan› von K. May las. (Ich glaube, fast jeder könnte etwas Ähnliches berichten.) Ein seltsames Erlebnis hatte ich dann aber erst mit dem zweiten Buch, das ich ein paar Wochen später anging. Es war ‹Schloß Rodriganda› von demselben K. M., und das Erlebnis war der Unterschied zwischen beiden Büchern. ‹Durchs wilde Kurdistan› war nämlich in der Ich-Form erzählt: der Held in meinem ersten Roman war also ein ‹Ich›. Und in ‹Schloß Rodriganda› tauchte dieses ‹Ich› nicht mehr auf. Ich las Seite um Seite, begierig zuerst, dann enttäuscht, dann verärgert, weil das ‹Ich› noch immer nicht auftrat! Es war ein Gefühl des Mangels, daß die Helden von ‹Schloß Rodriganda› nur Leute in der dritten Person waren. Es ist mir in Erinnerung, wie ich noch in der Mitte des Buches darauf wartete, daß endlich das ‹Ich› erscheinen würde, als Retter aus der Not all der ‹Er›. Selbst am Schluß, im Moment der völligen Ausweglosigkeit, hoffte ich noch auf das ‹Ich› aus dem wilden Kurdistan. Daß es auch in den Fortsetzungsbüchern von ‹Schloß Rodriganda›: ‹Die Pyramide des Sonnengottes›, ‹Benito Juarez› usw. nicht einschritt, ist für mich ein Schock gewesen, in der Erinnerung also ein Erlebnis. Im ‹Kurzen Brief zum langen Abschied›, über zwanzig Jahre später, habe ich diesen Bewußtseins-Schwindel von damals benützt für die Form des Anfangs der Geschichte: das Wort ‹Ich› steht erst im fünften Satz der Erzählung.»

Die Sache mit dem Ich entdeckte freilich bereits ein anderer vor ihm. «Nach seiner Gewohnheit ging er am Sabbat in die Synagoge und stand auf, um vorzulesen. Es wurde ihm das Buch des Propheten Jesaja gereicht. Er öffnete das Buch und fand die Stelle, wo geschrieben stand: ‹Der Geist des Herrn ruht auf mir, weil er mich gesandt hat; er hat mich gesandt, Armen Frohbotschaft zu bringen, den Gefangenen Befreiung zu verkündigen und den Blinden das Augenlicht, Bedrückte in Freiheit zu entlassen, auszurufen ein Gnadenjahr des Herrn.› Nachdem er das Buch zusammengerollt hatte, gab er es dem Diener zurück und setzte sich; alle Augen in der Synagoge waren auf ihn gerichtet. Er begann aber zu ihnen zu sprechen: ‹Heute ist dieses Schriftwort vor euren Ohren erfüllt worden.›» Auf die Idee hätte natürlich theoretisch jeder kommen können. Aber dieser da war der Erste. Erstgeburtsrecht.

Der penible Heirater

> Hast du dir denn nichts gewünscht? fragte die Frau. Nein, sagte der Mann. Was sollte ich mir wünschen? Ach! sagte die Frau. Das ist doch schlimm, hier in einem fort in einem Pißpott zu wohnen, es stinkt und ist so ekelig.
>
> Von dem Fischer und seiner Frau

Kennen Sie die Geschichte von dem Fischer un sin Fru? Natürlich kennen Sie die Geschichte. Und natürlich kannte Tinius sie auch.)

Gefühle sind schnelle und angenehme Rathgeber, und die Phantasie gleicht einer eiteln Frau, die ihrem Manne, dem Verstande, der ruhig leben könnte und würde, Tag und Nacht ins Ohr redet: mach doch, versäume die Zeit nicht, und halte an um eine höhere Stelle, da werden wir glücklicher leben.

Tinius saß, was er selten tat, abwesend vor einem Buch. Sein Kopf versank beinahe in der Schultermulde, weil sein Verstand auf den langen Sermon seiner Phantasie hörte: Einen Ehestand mußt du gründen, Tinius, das wird von dir erwartet, weil dann die Alltagslast nicht so sehr drückt und du dich auf die Arbeit konzentrieren kannst, ohne die schleppenden falschen Pausen, solche, die für die Gesundheit gar nicht notwendig sind und dich nur vom Lesen abhalten; dafür wirst du immer gut durchblutet sein, auch nachts brauchst du nicht stehenzubleiben, sondern kannst in der Klause deiner Frau spazieren gehen, ohne auch nur einen Schritt vor die Türe machen zu müssen, ja: Geist und Leib sind erst dann ganz aufeinander eingespielt, weil beide eine größere Hülle bekommen: Der Körper streckt und schwellt sich nach außen, und der Geist, der luftige, kann im schönen großen Pastorat an den Bücherrücken vorbeimarschieren, und wo immer du es willst, kannst du ihnen auf die Schulter klopfen, um ein kleines Schwätzchen mit ihnen über die neue Büchermeß und den neuesten Katalog eines Antiquars zu halten, aus dessen Beständen du dich dank der kleinen Erbschaft, die deine Frau einbringt, eindecken kannst, jene kleine Böttcher, mit der du doch schon neun Jahre schwesterlich zusammengelebt hast und die du nun nur ein klein wenig athletischer in dein brüderliches Herz schließen mußt.

Johann Georg Tinius streckte sich. Sein Verstand glaubte an Evidenz. Er, der sich eigentlich für ein Junggesellenleben entschieden hatte (moderne dekonstruktive Lektüre wird hier vermutlich eine versteckte Homosexualität aufspüren, aber daran beteiligen wir uns natürlich nicht, oder?), war fest entschlossen, die kleine, frisch verwitwete Böttcher zu heiraten. Ein Spritzer Lavendel zur sprichwörtlichen Feier des Tages beflügelte seine Phantasie, als er anklopfte. Sie öffnete und lächelte ihm aus dem halbdunklen Türbogen entgegen. Ihr leicht verhangener, ihr etwas verschatteter Blick und ihre schmalen, von kurzatmiger Erregung sanft geöffneten Lippen verrieten, daß sie ahnte, warum Tinius urplötzlich vor ihr stand. Sie erschien ihm verwandelt. Das ehemals Kränkliche ihres Ausdrucks hatte sich verklärt in einen Anflug von Zartheit und Verletzlichkeit, der Tinius sofort zu einer Ode greifen ließ. Sie (Eine Originalkopie jahrhundertelanger Madonnenmalerei! Ein proleptisches Zitat aller fragilen Frauengestalten, aller romantischen Sophien. Ein Prototyp der Neuen Frau! Ein... Jetzt reicht's!) kommentierte den Text durch ein rhythmisches Senken der Augenlider. Leichten Herzens nahm Tinius Abstand von seinem Junggesellendasein, heiratete sie, die frisch Verwitwete, im kleinen Kreis – die Predigt hielt Pastor Starke, der ihn vormals (Sie erinnern sich doch?) zum Theologiestudium animiert hatte –, legte ihr kleines, von der Mutter und ihrem Gatten geerbtes Vermögen mit ihrer Zustimmung vollständig in Büchern an (ohne allerdings die alten Schulden zunächst abzutragen, ich will Sie über diesen Sachverhalt nicht im unklaren lassen, das wäre dramaturgisch fahrlässig), strich einen täglichen Spaziergang und lustwandelte dafür in ihr herum, immer unterlegt von der Rezitation einer, je nach Tagesform, großen oder kleinen Elegie, während Johanna Sophie seine Ergüsse mit hohen Tönen unterlegte, die ihn an die eigene Discantstimme erinnerten.

Sein Unterricht unter der Abendsonne fruchtete. Sie, die Kinderlose, wurde endlich schwanger. Es war ihre einzige und letzte Blüte. Sie, die femme fragile, brach bei der Geburt auseinander. Es war ein schmerzlicher Abschied. Sie, die wirkliche Sophia, starb mit dem Kind in den Armen. Es war für Tinius ein entscheidender Bruch. Jetzt, mit seiner Tochter allein, er, der Gewohnheitsmensch, mußte sich wieder umgewöhnen, und die kleine Erbschaft, die Johanna Sophia von einem kränklichen Onkel erwarten durfte, schien unerreichbar. Da stand Tinius nun, ein Vater ohne Mutter und mit bedenklichen Schulden bei allen Bücherhändlern in der Umgebung.

Unter den Beileidsschreiben zum Ableben seiner Frau fanden sich auch zwei Briefe von Antiquariaten, die dringend um das Begleichen offenstehender Bücherrechnungen anhielten. Noch am gleichen Tag bat Tinius mit dem Hinweis auf seine persönliche Tragödie um den großzügigen Aufschub von einem Jahr. Er tat es mit Bedacht. Denn ein Jahr dauerte, so war es Brauch, die Trauerzeit. Erst dann konnte man in allen Ehren wieder heiraten. Auch gute Partien. Penibel sondierte Tinius nach den ersten drei Monaten der Tieftrauerphase mögliche Kandidatinnen. Die Auswahl war begrenzt. Eine Verwandte der Böttcher, mit vertrauten Zügen, war zu arm und zart, als daß Tinius sie sich hätte leisten können. Blieb nur noch Ottilia Maria, geborene Kindt, verwitwete Oberförsterin Hellmerich. Ihr eilte der Ruf voraus, eine gute Partie zu sein. Allerdings nicht ohne Hypothek. Drei breitbackige und mollige Buben, die ihn sofort an Heinrich, Eli und Gottfried, seine Brüder, erinnerten, schürzte sie wie eine mächtige Phalanx um sich. Schaute man von den kräftigen Kugelköpfen in ihr Gesicht, hegte man über Verwandtschaftsgrade keinen Zweifel. Auch hier die derb rustikale Innen-Außenansicht. So rund das O ihres Namens, so derbrund das Gesicht. (Und hier galt in der Tat: Der Kopf ist das Pars pro toto des Körpers.) Wie verklärte sich vor diesem Hintergrund das Bild seiner verstorbenen Sophia. Welche Extreme! Aber Tinius hatte keine Wahl. Er konnte es sich auch gar nicht leisten, den zu erwartenden warmen Geldsegen auszuschlagen. Und brauchte nicht auch seine eigene Tochter eine stabile Mutter?

Ein solches theures Kind verdiente eine zärtliche, mütterliche Pflege von einer Frau mit gutem Herzen. Dazu wählte ich meine zweite Gattin den 25. Oct. 1801, Ottilia Maria, geborne Kindt, verwittwete Oberförsterin Hellmerich, aus Zella, die mir drei Söhne, geb. Hellmeriche, mitgebracht hat, und ich habe meine Absicht vollkommen erreicht, meine theure

Tochter, Christiana Auguste Henriette, gedeiht, wie eine schöne Pflanze, unter der Hand der besten Mutter, die dafür von jener verklärten einst den Dank der Liebe empfangen wird.

Als er zum ersten Mal in ihren kompakten Leib einfuhr, stöhnte er mehr aus Wehmut als aus Verlangen. Getragen von Erinnerung, rezitierte er beim zweiten Mal einige Verse. Sie aber barst vor bäuerlichem Lachen und brachte Tinius aus dem Takt. Seitdem ging er in diesem oberförsterlichen Idyll sehr selten spazieren. Um den Abstand zwischen ihnen auch nach außen hin zu demonstrieren, zog er sich, halb beleidigt, halb überheblich, ins obere Stockwerk zurück. Sie blieb mit ihren drei strotzend gesunden und leider auch lauten Jungen und der immer hüstelnden Christiana Auguste Henriette im unteren Wohnbereich zurück, während er auf der Himmelsleiter allmorgendlich hinaufstieg und die lästige Erdenschwere zurückließ. Die ganze zweite Etage des Pastorats beanspruchte er für seine verstiegenen Forscherprojekte.

Nicht ganz so stark wie ihr Äußeres – aber immer noch beachtlich – war das Vermögen, das sie einbrachte. Tinius wiederholte nicht seinen Fehler aus der ersten Ehe, sondern bezahlte sofort seine aufgelaufenen Schulden. Mit dem Rest freilich hauste er sehr großzügig. Einmal monatlich ging er auf Tour. Bereiste seine (doch: in gewisser Weise tatsächlich seine) Buchhändler. Besorgte sich die neuesten Kataloge. Ging regelmäßig auf Auktionen. Wieder daheim, durften seine Söhne (wie gut, daß sie doch so stark waren) den schweren Koffer nach oben schleppen. Mußten dann aber sofort wieder hinunter. An den folgenden Vormittagen hörte man, wie Hämmer auf- und niedergingen. Tinius tischlert wieder, spotteten dann die Nachbarn, die hinter vorgehaltener Hand längst über die seltsamen Sitten im Hause Tinius sich die Mäuler zerrissen. Wiederholt stellte Ottilia (Tinius weigerte sich verbissen, sie Otti zu nennen) Tinius zur Rede. Mit ihm war nicht zu reden. Besser: Es hätte eines anderen Partners bedurft, ihn zu kurieren. Ihr Förstergeschlechter pflegt den Wald, wir brauchen ihn für Regale und Papier, um darin unsere Geistesgedichte zu ritzen wie in Baumstämme. So Tinius in einer seiner kühnen Theorien. Vorbewußt gerührt von der Ahnung, daß einmal auch der dickste Wald abgeholzt sein würde, aber ihm nicht gewachsen, schickte sie sich oft schlecht gelaunt in die doppelte Haushaltung. In tathafter Konsequenz. Als Tinius sich noch einmal nachts in ihr frontal entleeren wollte, gab sie ihm verächtlich ein Buch mit der drohenden Aufforderung, er möge sich doch dort hinein verkriechen. Was Tinius künftig auch tat.

Er entläßt die Freundin und geht mit seinem Lieblingsbuch ins Bett

> «Und das ist alles wahr?» fragte er auf englisch. «Nichts an der Geschichte ist erfunden?» «Ja», sagte Judith, «das ist alles passiert.»
> PETER HANDKE

Am 14. Mai entließ Falk Reinhold seine Freundin. Lange schon lag ein dicker Teppich Schimmel über ihrer Liebe. Dabei hatten beide, sie, die fünf Jahre ältere Buchhändlerin, und er, der früh gereifte Büchernarr, ihre Gefühle scheinbar gut konserviert. Aber bereits bevor er seine Heimatstadt (Kennen Sie Hermann Löns? Dann wissen Sie alles von der heidewattierten Gefühligkeit dieses Landstrichs und ihrer Bewohner.) verlassen hatte, war das Verfallsdatum deutlich überschritten. Auf dem Bahnhof, am Tag seiner Abreise, wölbte sich die vergangene Geschichte wie ein Aluminiumdeckel über einem verdorbenen Joghurt. Dabei war sie schön. Was man schön nennt. Dabei war sie intelligent. Was man intelligent nennt. Dabei war sie erotisch. Was man erotisch nennt. Genau da aber lag das Problem. Immer wickelte sie sich ein in die neuesten Moden. Imprägnierte sich mit den aktuellsten Texten, die sie überall aufspürte und süchtig verschlang. Klappte sie das Buch oder das Heft zu, dann sah sie aus wie eine Figur von Ingeborg Bachmann. Oder agierte so bösartig wie die Jelinek. Zog sie einen anderen Text an, überschrieb sie einfach den alten, der dann nur noch blaß hindurchschimmerte.

Dazu Hochglanzimitationen. Von Birkenstock zu Pumps? Von lila Latzhose zu raffinierten Nylons? Von kleinem Verweigerungsbusen zu großen Schwelgdekolletés? Für sie nur eine Frage der Einbildungskraft. (Fragen Sie bitte nicht, wie das funktioniert.) Honighaare, kurzer Pagenkopf, Knitterwelle. Immer en vogue. Immer ein lebendiges Zitat der BRIGITTE, der FREUNDIN, der FÜR SIE. Immer ausgeschnittene COSMOPOLITAN. Falk Reinhold las in ihr wie in einem Reader's Digest für Kultur. Mit immer geringerem Interesse.

Verließ er sie früher, als er noch in seiner Heimatstadt lebte, morgens, dann konnte er nicht sicher sein, sie am Abend im gleichen Buchstabenkostüm anzutreffen. Manchmal fast ängstlich schloß er die Tür zu ihrer Wohnung auf. War die Frau im feuchtschwarzen Lackkostüm mit den wasserstoffblonden Haaren, die rauchend – seit wann rauchte sie eigentlich – vor dem Fenster stand und in Camparipose nach draußen schaute, wirklich seine Freundin? Erst das Signal ihrer roten Pumps, die er neulich mit ihr zusammen nach einer Odyssee über eine Inselkette von Schuhgeschäften ausgesucht hatte, gab ihm die

Sicherheit, sie im vertrauten Tone anzusprechen: Lotte. Ach nenn mich doch nicht immer Lotte, sag Lisa.

Nicht einmal der Ton ihrer Stimme, nicht einmal die Geräuschkulisse, die sie umgab, blieben auf Dauer die gleichen. Der Klangrhythmus ihrer Schritte hing nicht ab von der Laune, mit der sie ihre Sachen vorantrieb, sondern immer nur von der Rolle, die sie mit aller Raffinesse bebildern wollte. Betrat sie ein Geschäft, dann im sicheren, schnellen Schritt der sichtbar Erfolgreichen. Und tatsächlich sprangen auf den Klang der Schritte die trägen und sedierten Figuren an, fuhren sich aus, bebluteten ihre Gesichtszüge und bedienten sie mit einer freundlichen Höflichkeit, die man in diesen Körpern gar nicht vermutet hätte.

Jetzt, da er sie immer seltener sah, suchte er erst heimlich nach ihrem Leberfleck am Hals, den sie, als sie es merkte, beim nächsten Besuch überschminkt hatte. Neuerdings schlug sie, wenn sie Falk Reinhold im Restaurant gegenübersaß, in einem ganz bestimmten Schwung die Beine übereinander, damit die sich kreuzenden Schenkel einen zikadenhaften Reibeton erzeugten, der den immer redenden Falk sofort aus dem Konzept brachte. Dafür hatte sie sich von einem auf den anderen Tag abgewöhnt, unter dem Tisch hörbar mit der Ferse aus dem Schuh zu fahren. Prompt erschrak Falk, als er das schon beinahe vergessene, rutschende Geräusch am Tisch hinter sich wahrnahm.

Als sie letzte Woche im Bett (Sie argwöhnen vielleicht, Falk Reinhold sei zu verkopft, um in die Niederungen der erotischen Lektüre hinabzusteigen? Sie irren. Sie irren. Reinhold liebte es früher maßlos, in ihr herumzublättern und sich in ihr zu verkriechen. Konnte sich oft nicht sattlesen. Buchstabierte den dunklen Schriftzug ihrer Achselhöhle – die sie plötzlich rasierte –, schrieb die weichen Linien ihrer Brüste nach – die sich jetzt barock aufwarfen –, und dechiffrierte die verwischte Schrift ihrer Kniebeugen – die jetzt gelasert wirkte.) Als sie also letzte Woche im Bett Falk mit einem Seidenschal am Bettpfosten festband, war sich Reinhold nicht ganz sicher – und er schwitzte mehr aus Angst als aus Leidenschaft –, ob er sich auf seine basalen Instinkte verlassen konnte. Würde sie das aufgelesene Spiel auch bis zum blutigen Finale weitertreiben wollen? (Die Zeitform dieser Geschichte gibt Ihnen einen Hinweis auf den unblutigen Ausgang.)

Falk Reinhold verlor heute, am 14. Mai um 17.28 Uhr, endgültig die Lust an ihrem unendlichen Text und schrieb ihr einen kurzen Brief zum abrupten Abschied:

Beste L.

Ich habe vergessen, wie Dein wirklicher Text eigentlich aussieht. So viele Zeilen habe ich an Dir gelesen, so viele Spuren verfolgt, daß ich den Anfang unserer Geschichte nicht mehr wiederfinde, und ich frage mich, ob es Dich als A hinter den vielen Buchstaben überhaupt noch gibt. Irgendwann und irgendwo bist Du im Gewimmel der Zeichen verschwunden, und ich habe Angst, mich im Unterholz der Bedeutungen zu verlieren. Ich finde keinen Geschmack mehr an Deinen ░░░░░. Ich hasse die unerträgliche Leichtigkeit von Fortsetzungsromanen, und Du hast Dich schleichend dazu entwickelt. Ich kündige das Abonnement und verneige mich als Dein alter Leser.

Ich nehme jetzt mein Lieblingsbuch – Du kennst es – dessen Inhalt ich beinahe auswendig weiß und der doch beim Lesen mir immer unbekannte Züge zeigt, statt Deiner mit ins Bett. Wenn ich den leicht abgegriffenen Deckel hochhebe, schaut mich die erste Zeile augenzwinkernd an und begrüßt mich wie einen alten Bekannten. Ich weiß, was mich erwartet, und doch gibt es den spitzen Kitzel beim Wiederlesen des fast Unvergleichen. Den habe ich bei Dir verloren. Du hast Dich aus meinem Leben herausgeschrieben. Ich kann nicht einmal mehr sagen, ich schließe das Kapitel unsrer Geschichte, weil Du lange schon kein Buch mehr bist. Ich lasse einfach eine Lücke von ~~sieben~~ zehn Buchstaben, in der Du Deinen unendlichen Text ohne mich weiterschreiben kannst.

Falk.

Beste[1] L[2].

Ich habe vergessen, wie Dein wirklicher[3] Text[4] eigentlich aussieht. So viele Zeilen[5] habe ich an dir gelesen, so viele Spuren verfolgt, daß ich den Anfang unserer Geschichte nicht mehr wiederfinde, und ich frage mich, ob es Dich als A[6] hinter den vielen Buchstaben überhaupt noch gibt. Irgendwann und irgendwo bist Du im Gewimmel der Zeichen verschwunden, und ich habe Angst, mich im Unterholz der Bedeutung zu verlieren. Ich finde keinen Geschmack mehr an Deinen Zeichen.[7] Ich hasse die unerträgliche Leichtigkeit[8] von Fortsetzungsromanen, und Du hast Dich schleichend dazu entwickelt.

[1] Verworfen hatte Falk nacheinander die Ausdrücke «Liebe, Liebste und Werte».
[2] Das einzig konstante an ihrem Namen war immer das L gewesen. Deshalb beließ Falk es bei diesem Kürzel.
[3] In der Urschrift stand an dieser Stelle «alter» für wirklicher. Reinhold wollte offensichtlich jeden verletzenden Ton vermeiden.
[4] Eine Reinschrift gibt hier den Ausdruck «Gesicht» wieder. Vermutlich wollte Reinhold seinen Abschiedsgrund nicht auf das Gesicht engführen.
[5] Hier ist der Text sehr unleserlich. Möglicherweise muß es heißen: statt Zeilen «Zeichen».
[6] Ein verknüllter Briefanfang zeigt hier die Variante Urtext für A.
[7] Hier dürfte eine Anspielung vorliegen, die nicht ganz sicher zu entscheiden ist. Eine ähnliche Wendung findet sich beim Königsberger Philosophen Hamann.
[8] Gestrichen hatte Reinhold «des Seins», wahrscheinlich, weil dieses Buch lange eine Lieblingsgeschichte von L (siehe Fußnote 2) gewesen war. Reinhold haßte offensichtlich die Geschwätzigkeit dieses Romans.

Ich kündige das Abonnement und verweigere mich als Dein alter Leser.

Ich nehme jetzt mein Lieblingsbuch – Du kennst es[9] –, dessen Inhalt ich beinahe auswendig weiß und der doch beim Lesen mir immer unbekannte Züge zeigt, statt Deiner mit ins Bett.[10] Wenn ich den leicht abgegriffenen Deckel[11] hochhebe, schaut mich die erste Zeile augenzwinkernd an und begrüßt mich wie einen alten Bekannten.[12] Ich weiß, was mich erwartet, und doch gibt es den spitzen Kitzel beim Wiederlesen des fast Immergleichen.[13] Den habe ich bei Dir verloren. Du hast Dich aus meinem Leben herausgeschrieben. Ich kann nicht einmal mehr sagen, ich schließe das Kapitel unter unserer Geschichte, weil Du lange schon kein Buch mehr bist. Ich lasse einfach eine

---

[9] Wir sind auch nach Auswertung aller erreichbaren Fakten nicht ganz sicher, um welches Buch es sich hier handelt. Falk Reinhold wird L sicherlich von der Tinius-Lektüre erzählt haben. Wir halten es aber auch für möglich, daß hier ein anderes Buch gemeint ist.

[10] Der sechste der von Reinhold gewebten Teppiche läßt hier eine Anspielung auf Walter Benjamin vermuten.

[11] Nicht ganz sicher zu entscheiden bleibt, ob Falk mit abgegriffenem Deckel ein sehr oft gelesenes Buch neueren Erscheinungsdatums meint, oder aber eben ein älteres Exemplar, so daß man hier zurückschließen könnte, es handle sich in der Tat um die Tinius-Lektüre.

[12] Diese Andeutung konnte trotz intensiver Recherche nicht eindeutig identifiziert werden.

[13] Offensichtlich eine nur mäßig kaschierte Nietzsche-Anspielung.

Lücke von siebzehn Zeichen ,[14] in der Du Deinen unendlichen Text ohne mich weiterschreiben kannst.

    Falk.[15]

---

[14] Natürlich gibt es viele unterschiedliche Interpretationsvarianten für die Lücke der siebzehn Buchstaben. Nach Abwägung aller Möglichkeiten halten wir es für sehr wahrscheinlich, daß die Lücke für den Ausdruck «Fortsetzung folgt» steht, den man aus Fortsetzungsromanen kennt. Dafür spräche etwa der Verweis auf die Stelle im Text oben. Vielleicht deutet diese Lücke auch eine zwar sehr versteckte, aber immerhin mögliche Fortsetzung der Beziehung unter bestimmten Bedingungen an, zu der es aber nicht mehr gekommen sein dürfte.

[15] In graphologischer Hinsicht wird man nicht umhin können zu konstatieren, Falk Reinholds Schrift sei entgegen vergleichbaren Schriftstücken von einer beinahe schwimmenden Unsicherheit gewesen.

Sechster Teppich:
Bücher sind Mätressen

Wenn man sich in Büchern verkriechen kann, sind Bücher dann nicht auch Liebhaberinnen, gar Mätressen? Gibt es ein Diesseits des Buchgesichts?

«I. Bücher und Dirnen kann man ins Bett nehmen.
II. Bücher und Dirnen verschränken die Zeit. Sie beherrschen die Nacht wie den Tag und den Tag wie die Nacht.
III. Büchern und Dirnen sieht es keiner an, daß die Minuten ihnen kostbar sind. Läßt man sich aber näher mit ihnen ein, so merkt man erst, wie eilig sie es haben. Sie zählen mit, indem wir uns in sie vertiefen.
IV. Bücher und Dirnen haben seit jeher eine unglückliche Liebe zueinander.
V. Bücher und Dirnen – sie haben jedes ihre Sorte Männer, die von ihnen leben und sie drangsalieren. Bücher die Kritiker.
VI. Bücher und Dirnen in öffentlichen Häusern – für Studenten.
VII. Bücher und Dirnen – selten sieht einer ihr Ende, der sie besaß. Sie pflegen zu verschwinden, bevor sie vergehen.
VIII. Bücher und Dirnen erzählen so gern und so

verlogen, wie sie es geworden sind. In Wahrheit merken sie's oft selber nicht. Da geht man jahrelang ‹aus Liebe› allem nach und eines Tages steht als wohlbeleibtes Korpus auf dem Strich, was ‹studienhalber› immer nur darüber schwebte.

IX. Bücher und Dirnen lieben es, den Rücken zu wenden, wenn sie sich ausstellen.

X. Bücher und Dirnen machen viel Junge.

XI. Bücher und Dirnen — ‹Alte Betschwester — junge Hure›. Wieviele Bücher waren nicht verrufen, aus denen heut die Jugend lernen soll!

XII. Bücher und Dirnen tragen ihren Zank vor die Leute.

XIII. Bücher und Dirnen — Fußnoten sind bei den einen, was bei den andern Geldscheine im Strumpf.»

«Die Bibliomanie ist die Mätresse des verheirateten Büchernarren», so entschuldigt ein anderer.

Worin aber besteht die Verführungskunst des Buches, wenn nicht in den schönen Augen eines Textes? Und wer macht schöne Augen, wenn nicht der Titel? «Ein schöner Titel ist der wahre Zuhälter eines Buches.» Das habe ich irgendwo gelesen. Und ein von Kongreß zu Kongreß im Namen der Wissenschaft pendelnder Italiener ergänzt: «Ein Titel soll die Ideen verwirren, nicht ordnen.»

Es gibt also einen Textlüstling? «Nun, dieser Antiheld existiert: es ist der Leser eines Textes in dem Moment, wo er Lust empfindet. Der alte biblische Mythos kehrt sich um, die Verwirrung der Sprachen ist keine Strafe mehr, das Subjekt gelangt zur Wollust durch die Kohabitation der Sprachen, die nebeneinander arbeiten: der Text der Lust, das ist das glückliche Babel. Jeder kann bezeugen, daß die Lust am Text nicht sicher ist: es ist nicht gesagt, daß derselbe Text uns ein zweites Mal gefallen wird; es ist eine brüchige, durch Stimmung, Gewohnheit, Umstände verwitterte Lust, es ist eine prekäre Lust (erreicht durch ein stilles Gebet an das VERLANGEN, sich wohl zu fühlen, das dieses VERLANGEN unerfüllt lassen kann). Die Wollust am Text ist nicht prekär, viel schlimmer: *praecox*; sie kommt nicht zur richtigen Zeit, sie hängt von keinem Reifen ab. Alles geht mit einem Male durch. Alles geschieht, alles genießt sich im Moment des ersten Blicks.

Man legt mir einen Text vor. Der Text langweilt mich. Man könnte sagen, er *plappert*. Dieses Plappern des Textes ist nur jener Sprachschaum, der sich aufgrund eines bloßen Schreibbedürfnisses bildet. Hier hat man es nicht mit Perversion zu tun, sondern mit Bedarf. Beim Schreiben seines Textes nimmt der Schreiber eine Säuglingssprache an: sie ist imperativ, automatisch, lieblos, ein kleines Debakel von Schmatzern (jenen Saugphonemen, die der erstaunliche Jesuit van Ginneken zwischen Schrift und Sprache ansiedelte): es sind Bewegungen eines Saugens ohne Gegenstand, einer undifferenzierten Oralität, abgeschnitten von der, die die Lüste der Gastrosophie und der Sprache hervorruft. Ihr wendet euch an mich, daß ich euch lese, aber ich bin für euch nichts andres als der, an den ihr euch wendet; ich stehe in euren Augen für nichts, ich habe keinerlei Gesicht (höchstens das der MUTTER); ich bin für euch weder ein Körper noch ein Gegenstand (was mir auch egal ist: nicht die Seele in mir lechzt nach Anerkennung), sondern nur ein Feld, ein Gefäß zur Ausdehnung. Kurz, man kann sagen, ihr habt diesen Text bar jeder Wollust geschrieben; und dieser Plappertext ist im Grunde frigide wie jeder Bedarf, bevor sich in ihm die Begierde bildet, die Neurose.» — So etwas kann nur ein postmoderner Franzose schreiben.

Der korrekte Mörder

> Die Menschen müssen alle
> früher oder später sterben,
> aber die Bücher sind der
> Ruhm Gottes und müssen
> erhalten bleiben.
>
> DON VINCENTE

Bild 1: Man schreibt das Jahr 1810. Ein schwülheißer Sommertag im August. Im Postwagen von Weißenfels nach Leipzig sitzen zwei Personen. Ein junger, kräftig gebauter Viehhändler läßt seinen trägen und erschlafften Körper durch die sächsische Landschaft befördern. In seinen ausgeleierten Beinhosen staut sich mächtig die Hitze. Jedes Schlagloch schiebt die halb geöffnete Weste über den breiten Hosenbund und gibt für Sekunden nur den Blick frei auf eine prall gefüllte Geldkatze. Ihm gegenüber sitzt ein korrekt gekleideter bärtiger und bebrillter Herr mittleren Alters im blauen Reitermantel. Jeder der gelben Messingknöpfe ordentlich geschlossen. Allein dieser Anblick treibt dem Viehhändler neue Hitzewellen in das breite, narbige Gesicht. Langsam gleitet die Hand seines Mitreisenden in die linke Rocktasche und holt eine silberne Dose hervor. Als er die ihm angebotene Prise begierig aufschnupft, nehmen seine stumpfen Augen einen flüchtigen, seidenen Glanz an. Das Gespräch geht schleppender als die Postfahrt, weil zur Hitze jäh eine Schwere im Kopf hinzugekommen ist. Der andere Reisende legt nach. Bietet noch eine Prise an, die Lebensgeister zu erfrischen. Tief zieht er das Kraut in sich ein. Je tiefer es in den Körper einzieht, je mehr sackt er zusammen. An der letzten Poststation haben die Postler alle Mühe, den schlafenden Viehhändler zu wecken. Die Geldkatze fehlt. (Natürlich. Was haben Sie denn erwartet?)

An diesem Abend bringt Tinius einen besonders schweren Bücherkoffer aus Querfurt mit nach Weißenfels, den die drei Söhne nur mit Mühe in die obere Etage bugsieren können. In der Zwischenzeit füllt Johann Georg Tinius seine silberne Dose mit neuen Kräutern aus seinem Herbarium auf. (Wie überaus praktisch doch, daß er als Kind die Pflanzen studierte.)

Bild 2: An einem schmalen, in Intarsientechnik gearbeiteten Tisch sitzt der Kaufmann Schmidt. Er beherrscht ihn mit seinem mächtigen, weit ausladenden Körper. Als sitze er vor einer Tafel, die nicht mitgewachsen ist. Weil durch das Öffnen der Tür Zugluft sich in den dicken Brokatvorhängen verfängt, dringt Essensgeruch vom gegenüberliegenden Gasthaus nach innen. Nicht unangenehm. Findet Kaufmann Schmidt. Es tritt auf ein Mann mit einem dürren Backenbart, dicken Brillengläsern, gehüllt in einen dunklen Umhang. Er gibt sich als Lange, Bureaubeamter des Appellationsgerichtsrats Göbel in Dresden zu erkennen. Ihm gehe es um eine private Auskunft in Geldfragen. Man habe ihm geraten, sich an den Kaufmann Schmidt zu wenden, weil der ein ausgewiesener Fachmann in Obligationsgeschäften sei.

Bei dem Wort Fachmann schwillt Schmidts Bauchpartie nach vorne und hätte beinahe den Tisch ins Wanken gebracht, wenn er nicht im selben Augenblick mit einer erstaunlichen Leichtigkeit seinen Stuhl nach hinten gerückt und sich erhoben hätte. Den linken Daumen in der Brusttasche, mit der rechten die schwere Wange knetend, sagt er nur: Leipziger Stadtobligationen. Eine todsichere Anlage. Auf den fragenden Blick seines Besuchers hin öffnet er eine kleine Schatulle, die in einem Schrank an der hinteren Wand verwahrt liegt, um mit dem sichtbaren Beweis des Besitzes eines solchen Schatzbriefes allen Zweifel an der Seriosität der Empfehlung auszuräumen. Ein giftiger Schmerz im Hinterkopf hindert ihn daran, sich triumphierend umzudrehen. Ungraziös taumelnd, fällt Kaufmann Schmidt keuchend zu Boden. Spöttisch blickt der zierliche Schreibtisch auf ihn herab. In diesem Augenblick gehen, in einer Rocktasche sicher verschlossen, die Leipziger Stadtobligationen aus dem Zimmer.

Am gleichen Nachmittag werden im Bankhaus Wetzel Obligationen gegen eintausend Louisdor eingetauscht. Abends ziert der frisch ersteigerte Nachlaß eines Professors aus Halle im Wert von dreihundert Louisdor das Bücherbord im Pastorat von Weißenfels. Zwei ausgelöste Schuldscheine gleicher Höhe liegen neben Bart und Brille in der oberen Schreibtischschublade des Magisters.

Bild 3: Wer diesen Raum betritt, riecht sofort die schwere Wohlhabenheit der Besitzerin. Als habe sich feiner Goldstaub wie ein Schonbezug über die Möbel gestülpt. Fast automatisch dämpft jeder Besucher angesichts dieser gediegenen Wohnlandschaft die Stimmhöhe. In der Mitte des Zimmers sitzt eine alte Frau mit vornehm runzeligen Gesichtszügen vor einem schwach simmernden Kaminfeuer. Das Feuer wacht kurz auf, weil eine dunkle Gestalt durch die Tür schlüpft und sich schnell nähert. Wie zur Abwehr erhebt die Frau das Buch, das ihr längst schwer geworden war, und ruft in einem Tonfall, der sonst in diesem Haus nicht verkehrt: Wer ist Er denn? Was will Er denn so spät? Das zischende: Stille, Stille! enthemmt nur den Laut, der sich zur Dienstmagd hinwogt, die sofort zur Hilfe eilt. Das flackernde Licht einer Kerze beleuchtet die dunkle Silhouette, in der Tinius erscheint. Nur langsam zieht in die Gesichtszüge der Frau die gewohnte Contenance ein. Du, Johann Georg? Alle rhetorische Erfahrung muß Tinius, der sich mit seiner Schwiegermutter nie verstanden hatte, nun aufwenden, um das Gespräch auf eins der Enkelkinder zu lenken, das sich zur anstehenden Konfirmation ein ungewöhnliches Geschenk wünsche. Der eigentliche Grund seines Kommens wiegt schwer in der Innentasche seines Mantels. Unwillkürlich betastet er während der kurzen Unterhaltung wiederholt mit der linken Hand den Hammer, der sich in der Dunkelheit kaum merklich abzeichnet.

Bild 4: Die Szenen aus Bild eins und vier gleichen sich. Aber der Kalender ist vierzehn Monate vorgerückt, und die Sonne steht nicht mehr so hoch. Ausgetauscht auch ein Protagonist der ersten Szene. Geblieben ist der Reisende im blauen Reitermantel, den jetzt ein weißes Halstuch ziert. Sein Bart und seine Brille sind von ihm abgefallen. Dafür verschattet ein tiefsitzender Hut das Gesicht. Neben ihm auf dem Sitz steht eine abgewetzte Reisetasche. Sein Gegenüber ist angenehm weiblich: Stiefeletten, weiße Handschuhe, ein grünweiß gestreiftes Kleid, ein kecker Hut, und unter der lindgrünen Stola blitzt eine travertinfarbene Haut hervor. Im Gesicht trägt sie mondäne Langeweile, die sich mit jedem Satz ihres galanten Gegenübers abkürzt, bis kurzatmige Heiterkeit den Travertin rosa einfärbt. Jetzt holt ihr Gegenüber einen kleinen, aus getrockneten Blumen gebundenen Strauß hervor, deutet noch im Sitzen eine tiefe Verbeugung an und überreicht ihn ihr mit blumigen Worten. Tief steckt sie ihre Nase in das herrliche Bouquet und wird augenblicklich von einer schlaffen Müdigkeit überfallen, die bis zum Ende der Kutschenfahrt anhält. Ihren im Ausschnitt verborgenen Geldbeutel findet sie nicht wieder. Gleichermaßen amüsiert und verärgert hebt und senkt sich ihr herrlicher Marmorblock vor Aufregung.

Bild 5: Am Leipziger Neumarkt sitzt eine Dame beim Tee. Auf dem rotlackierten, sparsam mit Ornamenten bemalten Tisch, an dem eine Schublade halb herausgezogen ist, stehen eine braune Kanne und eine Tasse aus dünnem Porzellan, in der Frau Kuhnhardt bedächtig den dampfenden Tee umrührt. Leicht vornüber gebeugt, entfernt sich der Oberkörper von der hölzernen Rückenlehne des Stuhles. Eine gelassen disziplinierte Haltung, die sich auch im sinnend runden Gesicht spiegelt. Erschrocken streckt sie sich, als es klopft. Es kann nur die Magd sein, die sie soeben auf eine Besorgung weggeschickt hatte. Aber es betritt ein ihr unbekannter Mann das Zimmer. Über einem schwarzen Frack trägt er einen pekeschenartigen Überzieher, Beinkleider und einen vorn eingebogenen Schifferhut. Mit einer zurückhaltenden, vornehmen Geste übergibt er ihr einen Brief. Es handle sich um eine kleine Schuldverschreibung, die ihr ältester Sohn unterschrieben habe und die er, da der Herr Sohn gerade nicht liquide sei, bei ihr einzulösen hoffe. Gleichermaßen erstaunt und geniert starrt Frau Kuhnhardt auf den Brief, fährt sich mit der linken Hand an den Kopf, wird von der Scham auf der Stelle halb gedreht, greift in die noch offene Schublade nach ihrem Portemonnaie und hört im gleichen Moment in ihrem Hinterkopf ein gläsernes Krachen. Schattenlos sackt sie zusammen und hätte beinahe den Tisch samt Teegedeck mit sich zu Boden gerissen, weil ihre Hand noch wie erstarrt in der Schublade steckte, wenn nicht der Fremde ihr zu Hilfe gekommen und den Fall abgefedert hätte. Schnell läßt er den handlichen, kurzstieligen Hammer in der Innentasche seines Rocks verschwinden, zählt hastig das vorhandene Bargeld und verläßt eilig die Wohnung.

Unten auf der Treppe begegnet ihm die Magd, die (wie in solchen Fällen üblich) früher als erwartet zurückkommt. Bereits von weitem erkennt er in ihr die ehemalige Köchin des Hasenbergschen Gasthofes, in dem er immer übernachtet, wenn er in Leipzig seine Händler besucht. Dann begeht er einen entscheidenden Fehler. Er spricht sie an. «Ei, guten Abend, das ist ja die Köchin, die bei Hasenberg gedient hat. Gott befohlen.» Hastig geht er weiter. Aber das Gedächtnis der Magd spürt ihn auf und erkennt ihn wieder. Und Tinius erwartet ein Verfahren vor dem kirchlichen und weltlichen Gericht. Ihn erwartet sein bibliomaner Karfreitag. Das ist sicher. (Ersparen Sie mir das Wort todsicher.) Geahnt hat er es bereits seit einem Jahr:

Unterdessen harre ich geduldig meiner Rechtfertigung entgegen, und bin durch die fortwährende Gewöhnung an Verleumdungen und Neckereien fast ganz gefühllos dagegen geworden, wann ich besonders wahrnehme, daß meine Ehre durch den Druck immer fester, und die Schande der Bösen immer größer wird. Um Wohlthat willen leiden, erweckt in der That Gnade bei Gott und Menschen. Ich werde die Wahrheit Jesu Christi, die ich erkannt habe, als ein Streiter für meinen Herrn, vertheidigen bis an meinen Tod, und an jene Verheißung des scheidenden Greises denken: «so wird Gott der Herr für Dich streiten.»

Er spielt Bilder nach und ersteigert beinahe ein Buch

> Die Wiederholung ist eine Bewegung in Kraft des Absurden.
>
> Søren Kierkegaard

Falk Reinhold hatte die Lebensbeschreibung des Johann Georg Tinius leergetrunken. Seitdem war er sein Text. Allmählich begannen seine eigenen Zeichen schwächer zu werden, und die, mit denen er sich imprägniert hatte, stachen immer deutlicher hervor. Ließ sich das Leben eines Menschen nicht allein dann verstehen, wenn man ihm ganz eingeschrieben war und es ernsthaft wiederholte? Konnte Reinhold aber das merkwürdige und einmalige Leben des Johann Georg Tinius überhaupt wiederholen? Ganz davon zu schweigen, daß Reinholds zartfreche Silhouette überhaupt nicht zu dem Biedermann-Gesicht des Tinius (Tinio, gen., jetzt hab ich's) paßte. Und der bunte Strauß von Affekten, den Reinhold immer aufblühen ließ, vertrug sich überhaupt nicht mit der sturen Gleichmütigkeit von Tinius (Tinii also). Aber Reinhold will sich endlich randvoll sättigen. Der Lust am Text frönen. Vollständig. Ohne reservatio mentalis. Endlich mußte er auch die anderen Texte bewohnen, die aus Tinius herausgeflossen waren. Im Gefängnis zumeist, Kassiberliteratur, die zu entziffern die Welt vergessen hatte. War es nicht Reinholds Aufgabe, sie zu dechiffrieren? Aber konnte das gelingen, wenn man die Bücher nicht besaß? Er mußte sie besitzen, koste es, was es wolle.

Bild 1: Die Ausgabenschalter der Staatsbibliothek wirkten wie Zitate aus frühen Westernfilmen. Immer die Jalousien halb heruntergelassen. Immer mit hageren Gestalten, deren Backenknochen morbid hervortraten, besetzt. Immer aber auch der Geruch einer trügerischen Gegenwelt. Der Nächste, bitte. Auf Vorlage einer beigen Benutzerkarte, die auf den Namen O. Höffe lautet, bekommt ein Mann undefinierbaren Alters, bekleidet mit einem dunklen, sehr salopp sitzenden Straßenanzug, Backenbart und dicker Hornbrille, ein Buch ausgehändigt. Es heißt: «Die Offenbarung Johannis durch Einleuchtung, Übersetzung, Erklärung allen verständlich gemacht», Leipzig 1849. Der Verfasser ist Johann Georg Tinius. Der Mann nimmt das Buch, geht, ohne zu grüßen, in den Lesesaal, links die steile Treppe hinauf zu den großen, schweren Lexika und Folianten, schaut sich kurz um, schiebt das Buch hinten in die Hose, läßt die Anzugjacke offen, damit das Buch sich nicht abzeichnet, geht wieder nach unten, passiert die Aufsicht und fährt mit der U-Bahn nach Hause. Dort hört man ihn zweimal laut schimpfen, weil der Bart fester angeklebt ist als geplant. (Warum hält er sich auch nie an

Anweisungen!) Schnell greift er zum Aspirin, hat doch die dicke Brille stechenden Kopfschmerz verursacht, und macht sich dann über seine Benutzerkarte her. Diesmal genau nach Vorschrift, die der nützliche Simmel (ist das nun ein guter Literat oder nicht?) im Schmöker «Es muß nicht immer Kaviar sein» minutiös aufgelistet hat, läßt er zunächst den Namen O. Höffe – so heißt ein Kommilitone – wieder verschwinden und dann seinen eigenen wieder auftreten. Dann macht er sich enthemmt über den neuen Tinius her.

Bild 2: Neben ihm steht ein typischer, leicht verwischter Turner-Engländer, der bei dem angebotenen Blue-Book des 18. Jahrhunderts wie aus dem Nebel plötzlich auftaucht und die überraschten Mitbieter niederfährt. Ein schlecht beleuchteter Rembrandt-Niederländer, der für ein auf Asbest bedrucktes Buch, das ein Autodafé überstanden hat, bietet, tritt sofort in den Schatten zurück, als er den Zuschlag erhält. Jetzt wird der Blick frei auf einen langhalsigen El-Greco-Spanier, der den Jahrgang 1925 der kuriosen spanischen Zeitung «Luminaria» ohne Gegenwehr ersteigert, die in Leuchtfarbe gedruckt ist, damit man sie auch im Dunkeln lesen kann. Ein Balthus-Franzose (Sie hatten Picasso erwartet?) bietet für den Jahrgang 1927 der «Mouchoir-Zeitung», die man als Taschentuch auf Seide setzte. Weil der Hammer früher als erwartet fällt, hebt er auch noch die Hand für «La Najade», die 1929 auf Kautschuk gedruckt und in Badeanstalten verkauft wurde – aber da taucht wieder dieser Engländer auf.

Jetzt ruft der Auktionator die Nummer 17 des Programms auf. Angeboten werden Bücher von zwiespältigem Ruf. Größtenteils haben sie auf dem Index librorum prohibitorum gestanden, aber es sind auch Bücher darunter, die Gegenstand eines Verbrechens waren oder von Verbrechern (welch häßliches Wort) geschrieben wurden. Schleppend. Äußerst schleppend läuft die Versteigerung. Als seien die Posten vorher abgesprochen worden. Feilgeboten wird jetzt: «Der jüngste Tag, wie und wann er kommen wird. In physischer, politischer und theologischer Hinsicht aus der Bibel erklärt.» Der Verfasser ist Johann Georg Tinius.

Ein Mann mit jugendlicher Silhouette bietet mit. Er duelliert sich mit einem dämonischen Angesicht, das offensichtlich jeden Preis zahlen will und schließlich auch zahlen muß. Als der Sieger eine halbe Stunde später mit dem Buch das Auktionshaus verläßt, wird er, wie Nachforschungen ergeben, von genau derselben Person verfolgt, die im Saal unterlegen war. Der Käufer heißt G. A. Bolenk, ein Pandämonium-Forscher aus Eichstätt. Man findet ihn später bewußtlos in einer Parkanlage. Von einem unbekannten Täter niedergeschlagen. Eine schwere Gehirnerschütterung. Diagnostizieren die Ärzte in der Klinik. (Aber eben kein Mord. Reinhold konnte doch sehr viel zivilisierter mit dem Hammer umgehen als Tinius. Das ist der Prozeß der Zivilisation. Unser Menschengeschlecht entwickelt sich einfach prima. Finden Sie nicht?) Das Buch des Autors Tinius hatte dem Herrn Professor 36 Minuten gehört. Jetzt lag es neben zwei anderen Büchern desselben Verfassers in einer schlecht gelüfteten Wohnung in der Amalienstraße 62. Noch zwei Bücher fehlten.

Bild 3: In einer geräumigen Parterre-Wohnung in Eichstätt sitzt eine alte Dame unter einem Bild von Chardin beim Tee und wiederholt die abgebildete Szene. Ihre Schwiegertochter kündigt ihr einen Gast an, als sie gerade den Teelöffel auf der Untertasse ablegen will. Er stellt sich als ein Verleger des von ihm hochverehrten Herrn Professors vor, der leider vor drei Tagen unter mysteriösen Umständen Opfer eines Überfalls geworden sei. Leider stocke jetzt das beinahe schon abgeschlossene Pandämonium-Projekt zum Fall Tinius, von dem der Gatte ihr sicher erzählt habe. Es wäre doch eine nette Überraschung, wenn der Gatte als Stimulans für die Genesung das fertige Buch mit seinem Namen auf dem Titelblatt bald in Händen hätte. Wenn also seine verehrte Gattin ihm nur das Dossier und zwei Veröffentlichungen aus der Feder des Tinus, die im Besitz des Herrn Gatten seien, zur Drucklegung überlassen könne. Es handle sich um die zwei bisher in der Forschung sehr unterschätzten Bücher: «Biblische

Prüfung von Brenneckes Beweis: Daß Jesus nach seiner Auferstehung noch 27 Jahre auf Erden gelebt», möglichst in der ersten Auflage Zeitz 1820, notfalls ginge auch die zweite Auflage Bautzen 1845, und: «Sechs bedenkliche Vorboten einer großen Weltveränderung an Sonne und Erde sichtbar» von 1837. Ein Buch von weltverändernder Bedeutung, wenn er so sagen dürfe.

Gerührt und von der Idee begeistert, sucht Frau Bolenk mit der überaus hilfreichen Unterstützung des Herrn Verlegers in der Bibliothek des Herrn Professors (die Abwesenheit des Herrn Professors war inzwischen dazu genutzt worden, die Bibliothek einmal so richtig aufzuräumen) die gewünschten zwei Bücher, die sie, welch ein Zufall, endlich auf dem Schreibtisch des Unpäßlichen entdeckt. Mit weichgekochten Zügen übergibt sie dem Verleger die zwei Bücher und ein kleines Dossier. Der bedankt sich mit warmen Worten und ist längst hinaus, als Frau Bolenk einfällt, daß sie vergessen hat, ihn nach seiner Adresse zu fragen.

Reinholds Bibliothek ist jetzt endlich komplett. Alle fünf Veröffentlichungen des Magisters stehen, von anderen Büchern deutlich abgerückt, auf einem sonst jungfräulichen Bücherbord. Sie sind die Mitte seiner Bibliothek. Reinhold sitzt in seinem großen Korbsessel. Ihnen gegenüber. Bedächtig kratzt er seine Stirnglatze, die auf das Toupet dieses Tages etwas allergisch reagiert hat. Dann nimmt er den kurzstieligen Hammer vom Bett und testet seinen Kniescheibenreflex. Er funktioniert prächtig. Falk Reinhold ist physisch wirklich äußerst gesund. (Finden Sie nicht? Sagen Sie selbst!)

Siebter Teppich:
Schauspiellehre durch Geschichten

Bieten Bücher spielerische Rollenangebote? Identifikationsvorgaben? Können sie den moralischen Schutt abtragen? Und wenn ja, welche Bücher? Sehen wir zu:

«Darum ist das Himmelreich gleich einem König, der mit seinen Knechten rechnen wollte. Und als er anfing zu rechnen, kam ihm einer vor, der war ihm zehntausend Pfund schuldig. Da er's nun nicht hatte, zu bezahlen, hieß der Herr verkaufen ihn und sein Weib und seine Kinder und alles, was er hatte, und bezahlen. Da fiel der Knecht nieder und betete ihn an und sprach: Herr, habe Geduld mit mir; ich will dir's alles bezahlen. Da jammerte den Herrn des Knechts, und er ließ ihn los, und die Schuld erließ er ihm auch. Da ging derselbe Knecht hinaus und fand einen seiner Mitknechte, der war ihm hundert Groschen schuldig; und er griff ihn an und er würgte ihn und sprach: Bezahle mir, was du mir schuldig bist! Da fiel sein Mitknecht nieder und bat ihn und sprach: Hab Geduld mit mir; und ich will dir's alles bezahlen. Er wollte aber nicht, sondern ging hin und warf ihn ins Gefängnis, bis daß er bezahlte, was er schuldig war. Da aber seine Mitknechte solches sahen, wurden sie sehr betrübt und kamen und brachten vor ihren

Herrn alles, was sich begeben hatte. Da forderte ihn sein Herr vor sich und sprach zu ihm: Du Schalksknecht, alle diese Schuld habe ich dir erlassen, dieweil du mich batest, solltest du denn dich nicht auch erbarmen über deinen Mitknecht, wie ich mich über dich erbarmt habe? Und sein Herr ward zornig und überantwortete ihn den Peinigern, bis daß er bezahlte alles, was er ihm schuldig war.»

«Seiner Form, seines Rhythmus, seines Tonfalls nach: ein Buch aus der Nacht der Zeiten. Das trifft zu, und zugleich kann der Leser unserer Tage, der von heute, in der Bibel, Buch für Buch, seine eigene Geschichte lesen, wie in keinem anderen Buch: er kann sie da entdecken, dann sie verstehen, dann sich ihr stellen. Der Leser ist der tragikomische Held aller biblischen Geschichten.»

Und hat nicht treffend einer der Alten gesagt, Tragödien bewirkten «im Durchgang durch Jammer und Schauder schließlich eine Reinigung»? Wie steht es also um diese dezente moralische Abzweckung?

Leitet sich daraus aber nicht auch ein bestimmter Auftrag an die Schriftsteller ab, nämlich solche Ur-Dramen, in denen der Mensch sich erkennt, immer erneut in die jeweilige Gegenwart zu übersetzen, sie in neuem Formen präsent zu machen? Schriftsteller sind Leser, die ihre Kunst zu lesen zum Kunstwerk machen, – oder?

«Aus Kindern werden Leute, aus Jungfern werden Bräute, und aus Lesern entstehen Schriftsteller. Die meisten Bücher sind daher ein treuer Abdruck der Fähigkeiten und Neigungen, mit denen man gelesen hat und lesen kann.»

«Vergil liest (leitet unsere Lektüre von) Homer, wie es kein Kritiker von außen kann. Die ‹Göttliche Komödie› wiederum stellt eine Rezeption der ‹Äneis› dar, die technisch und spirituell so ‹versiert›, so ‹autorisiert› ist – in den verschiedenen und interaktiven Bedeutungen des Wortes –, wie es kein externer Kommentar eines Menschen sein kann, der selbst kein Dichter ist. Die in Miltons ‹Paradise Lost›, in den episch-satirischen Schriften Alexander Popes und auf der flußaufwärts führenden Pilgerfahrt in Ezra Pounds ‹Cantos› sichtbar angestrebte oder heraufbeschworene Gegenwart von Homer, Vergil und Dante ist eine ‹reale Gegenwart›, eine aktive Kritik. Nacheinander läßt jeder Dichter die formalen und substantiellen Errungenschaften seines Vorgängers (seiner Vorgänger) im dringlichen Licht seiner eigenen Absichten, seiner eigenen sprachlichen und kompositorischen Quellen erscheinen. Seine eigene Praxis unterzieht diese Vorläufer der stringentesten Analyse und Würdigung. Die Teile der ‹Ilias› und der ‹Odyssee›, die die ‹Äneis› verwirft, ändert oder ganz ausläßt, sind als Kritik ebenso auffallend und lehrreich wie das, was als Variante, Imitatio und Adaption in den Text aufgenommen wird. Die allmähliche Lösung, die der Pilger gegen Ende des ‹Purgatorio› bei Dante seinem Meister und Führer gegenüber vollzieht, die

Korrekturen an der ‹Äneis›, die im ‹Purgatorio› durch Zitate und Verweise auf diese vorgenommen werden, bilden die denkbar eingehendste kritische Rezeption.»

Wenn aber «die wahre Hermeneutik des Dramas in seiner Bühnenaufführung liegt», wie ein Engländer will, und wenn die Bühne die Welt ist, muß es dann nicht auch immer Menschen geben, die den dunklen Part bebildern?

Der nackte Pastor

> Wir haben in Deutschland noch kein Beyspiel, daß einem abgesetzten Dorfpfarrer mehr geglaubt worden, als einem Prälaten.
>
> FRIEDRICH NICOLAI

Stimmen vor dem Kirchportal. Ein Chor der Murmler. Jeweils eine Person artikuliert laut eine Sequenz.)

Unser Pastor doch nicht. Das will ich nicht glauben. Das beweise man mir. – Doch, doch. Dem ist die Gelehrtheit zu Kopfe gestiegen. Wer immer nur liest, dem wird schließlich das Herz hart. – Abscheuliche Augen hat der. Mir wurde immer ganz bange, wenn mich sein stechender Blick traf. – Seine Frau achtete er auch nicht und hat ihr ganzes Geld mit Büchern durchgebracht. – Die ganze obere Etage beanspruchte er für sich, und die arme Ottilia mußte mit allen Kindern immer unten bleiben. – Mit einem Tintenfaß soll er einmal nach ihr geworfen haben, als sie sich nach oben traute. Jetzt läßt sie sich scheiden. Recht hat sie. – Sogar ein Armenhaus, heißt es, habe er bestohlen. – Zehn Postkutschen ausgeraubt. – Seine eigene Schwiegermutter bedroht. – Zwei oder fünf Menschen mit dem Hammer erschlagen. – Unsere Gelder veruntreut. – Wäre er doch Schäfer geblieben wie seine Vorfahren, dann wäre das alles nicht geschehen. *(Chor der Murmler geht ab. Szenenwechsel.)*

Innen herrscht in der vollbesetzten Kirche Grabesstille. Eine vollkommene Inszenierung. Was für ein Plot. Die tiefstehende Sonne fällt durch eines der weit nach unten ins Mauerwerk geschnittenen Fenster und leuchtet die noch unbesetzte Strafbank wie eine erst viel später erfundene überdimensionale Verhörlampe aus. Bisher ahmte die harmonische Proportion der Kirche einfach perfekt die Ordnung der sichtbaren Welt nach und vermittelte jedem der Besucher das untrügliche Gefühl der Herrlichkeit Gottes. Heute zeigt sie in der aufgestellten Strafbank den kleinen Schatten dieser Vollkommenheit, der sich die Stirnwand hinaufschiebt und mit der versinkenden Sonne immer größer wird. Am 11. März 1814 hat das Böse einen Ort in der Kirche, und jeder der Besucher kann sich leicht ausmalen, wie überaus unangenehm es sei, dort zu sitzen. Welch reinigendes Schauspiel. (Aristoteles hätte seine liebe Freude daran gehabt. Mir ist leider kein statistisches Material zugänglich gewesen, aus dem hervorgeht, ob nach diesem Drama die Verbrechensrate drastisch zurückgegangen ist. Ich halte es nicht für ausgeschlossen. Aber auch nicht für wahrscheinlich.) Die ganze Kirche war eine genaue Abschrift der Welt da draußen. Eine Schrift in Stein und Holz. Eine steinerne Bibliothek.

Fünfhundert atmen ein und halten die Luft an,

weil der Superintendent Professor Johann Georg (welch peinliche Namensgleichheit) Rosenmüller samt Johann Georg Tinius und fünf Ältesten die Kirche betritt. Dritte hätten es für einen ganz normalen, feierlichen Einzug halten können. Allenfalls stört, daß ein Baßregister der Orgel beharrlich klemmt. Sieht so etwa das Böse aus? Jetzt, da der Angeklagte auf der Bank sitzt und von der tiefstehenden Sonne angestrahlt wird, erkennt keiner in ihm den Mörder. Sieht nicht das Böse immer verbrannt aus? Wie ein verkohlter Apoll? Aber doch nicht so. Doch nicht wie Johann Georg Tinius, der Pfarrer aus Weißenfels. Schaut ihm ins Gesicht, wie er geduldig und gleichmütig die Rede seines Superintendenten über sich ergehen läßt!

Also sprach der Superintendent: «Wir sehen an dem schrecklichen Beispiele dieses Mannes, wie unglaublich tief ein Mensch sinken kann, wenn er sich von einer einzigen Leidenschaft beherrschen läßt. Seine Lieblingsneigung schien, an sich betrachtet, unschuldig zu sein. Er wünschte eine zahlreiche Büchersammlung zu besitzen, mit den angesehensten Gelehrten in Bekanntschaft zu kommen und sich dadurch Ruhm und Ehre zu erwerben; hierzu aber wurde weit mehr Aufwand gefordert, als er mit seinem Vermögen aufbringen konnte; weil er seinen Zweck nicht durch regelmäßige Mittel bestreiten konnte, so verfiel er auf den unseligen Gedanken, ihn durch List, Betrug und die größten Verbrechen zu erreichen. Durch Stolz und Eitelkeit verblendet, unterdrückte er alle Regungen des Gewissens und stürzte sich in den tiefen Abgrund des Verderbens.»

Eine ergreifende Rede. So schlicht und doch so treffend. Wie mit dem Stilett geschrieben. Herrlich, wie Rosenmüller die Gefühle kanalisiert. Wie er die Bewegungen des Gemüts suggeriert. Wie er den Spannungsbogen ausreizt. Ein wirklich rhetorisch begabter Redner. Und die Zuhörer danken es ihm. Hier ein Kopfnicken. Dort ein vernehmlicher Seufzer, als endlich die Rede auf den Abgrund kommt. Das wirkt immer. Zwei Frauen schluchzen sogar. (Sie haben nun wirklich keinen Grund.)

Und Johann Georg Tinius? In ihm regt sich nichts. Schon gar nicht das Gewissen. Man könnte meinen, er genieße es, wie die tiefstehende Sonne nur ihn bescheint. (Wie ungerecht!) Als säße er auf einer Parkbank im Freien an einem der ersten schönen Märztage dieses Jahres. Sieht es nicht so aus, als lächle er? Beinahe hätte er applaudiert, als sein Namensvetter in einer besonders schönen Rekapitulation den Zuhörern die Verbrechen des Magisters noch einmal vor Augen malt, die endgültig dankbar sind, an diesem Schauspiel in so erlesener Besetzung teilnehmen zu dürfen. Was ist schon das bürgerliche Trauerspiel gegen diese Inszenierung? Hätte man sich bessere Protagonisten denken können? Man hätte es nicht.

Johann Georg Rosenmüller (im Volksmund immer

Rosenkreuzer genannt) schweigt. Unhörbarer Applaus erschallt. Er hat ihn sich redlich verdient. Jetzt kommt das Ritual. Eine rätselhafte Zeremonie. Die Rückverwandlung des Pfarrers in einen einfachen Magister. Dies ist der Magister. Und wie herrlich demokratisch. Sogar ein einfacher Kirchendiener darf dieses Ritual ausführen. Priestertum aller Gläubigen.

Gemessenen Schrittes (warum wirken eigentlich diese unerträglich langsamen Bewegungen so feierlich?) geht der Kirchendiener auf den immer noch sitzenden Johann Georg Tinius zu. Langsam erhebt sich dieser von seiner Bank und dreht sein Gesicht leicht nach links, damit die Sonne ihn weiterhin ins beste Licht rücke. In bester Dienermanier – schnell und ohne dabei eine Miene zu verziehen – knöpft ihm der Kirchendiener den Pfarrersrock auf, geht um ihn herum und streift ihn mit einem leichten, aber wirksamen Schwung von den Schultern. Den Rock über dem linken Arm, hat der Diener die Hände frei, den Halskragen zu entfernen. Sofort erkennt er die versuchte Sabotage, denn statt mit Schleife ist der Kragen im Nacken fest verknotet. Selbstsicher fährt die Hand des Dieners in den Rock und kommt mit einem unscheinbaren Taschenmesser zurück, das das Halsband schnell durchtrennt. Jetzt ist Johann Tinius nackt. Jetzt ist er kein Pfarrer mehr, sondern Johann Georg Tinius, M.A.

Alle Zuschauer haben sich zur Zeremonie auf ein

Zeichen des Geistlichen hin erhoben und stehen dichtgedrängt wie eine Anklagemauer in ihren Bänken. Auf ihren Zungen spüren sie einen herrlich süßen Geschmack, der alle Bitternis der letzten Wochen und Monate übertönt. Dort also steht das schwarze Schaf. Nicht mehr der Hirte, sondern nur noch ein einfaches schwarzes Schaf. Ein Sündenbock.

Und Johann Georg Tinius? Der Panzer ist von ihm abgefallen. Jetzt müßte eigentlich Nacht um ihn herrschen. Aber nein. So ist es nicht. Sein Panzer bleibt unsichtbar und undurchdringlich. Kleider machen Leute? Hier trifft das Sprichwort nicht. Hier ist alles viel komplizierter. Was verstehen diese vielen schon von dem, was wirklich in ihm vorgeht? Sie verstehen gar nichts. Sie können ihm nichts anhaben. Eine kleine Prüfung. Nicht mehr. Er wird sie bestehen.

Ganz ruhig setzt sich Johann Georg Tinius wieder auf seinen Platz und schließt die Augen, um so auch die letzten Sonnenstrahlen, die noch durch das Fenster fallen, in vollen Zügen genießen zu können.

Er imprägniert sich und spielt mit der Maus

Quis leget haec?

Persius Flaccus

Je nackter der Magister wurde, desto mehr verhüllte sich Falk Reinhold. Wie Feigenblätter hielt er sich die neuen Texte vor sein Ich. Rollte sich schließlich ganz in sie ein. Schaute schließlich aus wie ein Vermummter. Sie waren das Monogramm seiner Einbildungskraft. Er konnte sich jetzt alles lebhaft vorstellen. Rief er ein Wort auf seinem geistigen Bildschirm auf, dann schalteten sich simultan verwandte Wörter hinzu. Tinius und Reinhold waren jetzt ein Regelkreis. Aber immer hörte er auch ein unangenehmes, häßliches Rauschen, weil die Kapazität seiner eigenen Festplatte nicht ausreichte. Read only Memory? Das sagt sich so leicht, wenn die eigene hardware miserabel ist. (Warum denken Sie jetzt an Victor Hugo?) Falk Reinhold konnte sich Reibungsverluste nicht leisten. Hier ging es um viel. Wenn Reinholds Hirn (warum Lenins?) nicht ausreichte, dann mußte man eben ein externes Gedächtnis hinzuschalten. Mit größerem Speicher. Einen PC. (An wen denken Sie jetzt?)

Die Wahl fiel leicht. Sie war thematisch prädestiniert. Bei diesem religiösen Sujet durfte es einfach nur die Marke mit dem angebissenen Apfel sein. Und er ging hin und kaufte sich den neuesten Apple, mit riesigem Speicher, der für eine Bibliothek von Babel (Borges, warum Borges?) ausgereicht hätte. Ein wirklich nettes Gespräch mit seiner Mutter genügte, um sich den passenden Scanner auch leisten zu können.

Niemals hatte Falk Reinhold in seinem Leben die widerwärtige Kunst trainiert, eine Schreibmaschine zu bedienen. Allein die Vorstellung, seine Finger stundenlang zu verkrallen, ließ ihn schaudern. Immer schrieb er per Hand, damit sich sein eigener herrlicher Charakter in den Buchstaben spiegelte. Den monotonen Einschlag der Buchstaben nahm er wahr als Abgesang auf den Untergang der Charaktere. (Spengler. Richtig.) Übersprungen. Er hatte einfach ein Medium übersprungen, als er jetzt vor dem schwarzen Spiegel (Arno S.) der Maschine saß. Widersprach das aber nicht seinem vorgeblichen Haß auf alles Maschinelle? Durchaus nicht. Durchaus nicht. Weil er nicht mehr ganz Reinhold war, mußte er auch nicht fürchten, seinen eigenen Charakter zu verlieren. Im Gegenteil. Im Gegenteil. Erst wenn der Text auf dem Bildschirm erschien, konnte er sich in ihm wirklich spiegeln und mit der Maus in ihm herumfahren. Er würde sich einfach irgendwann in den Text verhuschen.

Nur zweihundert Mark hatte ein promovierter Informatiker, der im Computerladen an der Ecke hängengeblieben war (Sie kennen die Gestalt?), dafür verlangt, das Gerät vollständig zu installieren. Lange genug hatte das Telephongespräch mit seiner Mutter gedauert, um sich auch diesen Service samt einstündiger Einführung kreditlos leisten zu können. Prompt funktionierte alles störungsfrei. Die erste Datei, die Tinius, nein Reinhold anlegte, lautete Tinius. Er nahm den wie eine geballte Faust aussehenden Scanner in seine Hand und fuhr behutsam über die Kopfzeile. Auf dem Bildschirm erschien:

**Merkwürdiges und lehrreiches
Leben des M. Johann Georg Tinius,
Pfarrers zu Poserna
in der Inspektion Weißenfels
Von ihm selbst
entworfen**

Dann fuhr er die anderen Partien des Textkorpus nach. Jede Falte der Schrift übertrug der Computer detailgenau. Kein Punkt, kein Komma blieb ungelesen. Es war eine genußvolle Tortur, die genau dreizehneinhalb Stunden dauerte, in der die nur einen Spalt geöffnete Faust alle Texte des Magisters streichelnd aufgriff und wieder auswarf. Dann war es geschafft. Der unendliche Text endete mit dem Gedicht des Johann Georg Tinius an die Märtyrer. Einem Gedicht zu Ehren von Offenbarung 19.

> «Halleluja! singt ihr Helden;
> Die mit Ruhm gefallen sind!
> Euer Lob wird man vermelden,
> solang Gottes Erde grünt.
>
> Durch des Himmels Lustgefilde
> Wandelt ihr in Herrlichkeit,
> Denn ihr habt am Menschenbilde
> Gottes Ehre nicht entweiht.
>
> Kämpfend mit dem Ungeheuer
> Wüthender Intoleranz,
> Galt das Leben Euch nicht theuer,
> Für der Ueberwinder Kranz.
>
> Eingedenk des Heilands Worte:
> Wer sein Leben hier verliert,
> Findet's wieder an dem Orte,
> Wo es nie verblühen wird.»

Er war gefallen. Durchaus. Aber mit Ruhm? Und hatte er nicht doch am Menschenbild ein klein wenig Gottes Ehre entweiht? Trifft das Wort der Intoleranz wirklich glücklich auf den Tatbestand von Mord, Raub und Veruntreuung zu? Immerhin, es war das Vermächtnis von Tinius. Sein literarisches Testament.

Und Testamente ließen sich nur um den Preis einer Untat gegen den Willen des Autors handhaben. Deshalb schnitt Reinhold den Text aus und setzte ihn zur Doppellektüre der Schlußkadenz der Autobiographie gegenüber. Die Übereinstimmung war erstaunlich. Der Tenor identisch. Auf dem Bildschirm erschien folgender Text:

Unterdessen harre ich geduldig meiner Rechtfertigung entgegen, und bin durch die fortwährende Gewöhnung an Verleumdungen und Neckereien fast ganz gefühllos dagegen geworden, und wenn ich besonders wahrnehme, daß meine Ehre durch den Druck immer fester, und die Schande der Bösen immer größer wird. Um der Wohltat willen leiden, erweckt in der That Gnade bei Gott und Menschen. Ich werde die Wahrheit Jesu Christi, die ich erkannt habe, als ein Streiter für meinen Herrn, vertheidigen bis an meinen Tod, und an jene	Halleluja! singt ihr Helden; Die mit Ruhm gefallen sind! Euer Lob wird man vermelden, solang Gottes Erde grünt. Durch des Himmels Lustgefilde Wandelt ihr in Herrlichkeit, Denn ihr habt am Menschenbilde Gottes Ehre nicht entweiht. Kämpfend mit dem Ungeheuer Wüthender Intoleranz, Galt das Leben Euch nicht theuer,

Verheißung des scheiden-　Für der Ueberwinder
den Greises denken: «so　Kranz.
wird Gott der Herr für
dich streiten.»

　　　　　　　　　　　Eingedenk des Heilands
　　　　　　　　　　　Worte:
　　　　　　　　　　　Wer sein Leben hier ver-
　　　　　　　　　　　liert,
　　　　　　　　　　　Findet's wieder an dem
　　　　　　　　　　　Orte,
　　　　　　　　　　　Wo es nie verblühen wird.

Ungebrochen. Einfach ungebrochen hatte Tinius die
langen Jahre der Untersuchungshaft und der Zuchthausstrafe überstanden. Und es war offensichtlich.
Er hielt sich für einen Märtyrer. Denn als Reinhold im
Computer das Suchwort «Märtyrer» eingab, bot ihm
dieser 853 parallele Stellen an. Plus 623 Belegstellen
für das Suchwort Verfolgung; verfolgen. Belegstelle
152 schien ihm das Credo des Johann Georg Tinius zu
sein:

*«Der Inhalt der Offenbarung ist im Allgemeinen eine
Ankündigung und Beschreibung des göttlichen Gerichts und Strafe gegen die Feinde des Christenthums
und mit Belohnung für die verfolgten Bekenner derselben, in Zeit und Ewigkeit, um jene abzuschrecken,
Diese aber aufzumuntern zur Beständigkeit im Glauben bis in den Tod.»*

Mit vor Anstrengung geröteten Augen saß Reinhold vor seiner Maschine. Jetzt verstand er Tinius zu lesen. Johann Georg Tinius glaubte wirklich ein Märtyrer zu sein. Aber das war doch absurd! Oder war er etwa doch unschuldig? Freilich. Er hatte niemals die Morde gestanden. Aber die Indizien waren doch erdrückend. Oder? (Momentan bin ich wieder gewillt, ihn für unschuldig zu halten. Und Sie?) Und die Vorliebe für die Apokalypse? Sie war in diesen Jahren nicht außergewöhnlich. Es herrschte ein beinahe apokalyptisches Fieber. Jeder Pfarrer schien an seiner eigenen Apokalypse-Interpretation zu schreiben. (Kennen Sie Nicolais «Sebaldus Nothanker», der trotz aller Unbill seines Lebens an einem Kommentar über die Offenbarung des Johannes schreibt? Jetzt neu bei Reclam erschienen. Müssen Sie einfach anschauen.) Reinhold nickte. Diese Lesart war einseitig. Ja. Aber es war die starke Lesart dieser Jahre. Machte sie aber heute noch Sinn? Er mußte dahinterkommen. Vom Schäfer über den Hirten zum Sündenbock. Tinius' ganzes Leben war Schäferlatein. Er selbst hatte sich in diese Wolle eingewoben. Heute klebte sie ihm wie ein Nessus-Hemd am Körper. Er schwitzte. Ein fiebriges Schwitzen. Zunächst wollte er die Wolle seines Hemdes aufdröseln, um daraus den ersten Teppich über das Lesen zu weben. Aber sie war zu verfilzt. Hatte er sich verrannt? Wie verstand er zu lesen? Er mußte sich Rechenschaft geben. Das war er sich schuldig. Dem Rest seines Ichs. Er mußte noch einmal von vorne anfangen. Hatte Tinius wirklich zu lesen verstanden? War diese Lesart die einzig mögliche? Er griff an diesem Abend, als er seinen ersten Teppich über den Nutzen und den Nachteil der Bücher für das Leben webte, auf die Wolle eines Sündenbocks aus Athen zurück, der wegen Verführung der Jugend verurteilt wurde, den Giftbecher zu trinken. (Offensichtlich stammt ein Großteil der Literatur von zwielichtigen Gestalten.)

Achter Teppich:
Das Publikum ist ein Pfau

Dringt ein Schriftsteller aber auch wirklich bis zu seinem Publikum durch? Bedarf es nicht der Kunstrichter, die jeweils zur Büchermesse die neue Unübersichtlichkeit eindämmen?

«Der Leser ist der Herd in der Axe eines Autors, und die Brennlinie, welche ein Kunstrichter suchen und finden muß. Doch weil unsere Kunstrichter keine Zeit übrig behalten, selbst zu lernen: so haben sie es alle in der Schreibart hoch gebracht. Schreiben und lehren können sie alle, dieser eine gelehrte Faust, jener eine Kaufmannshand; aber lesen! – höchstens wie spanische Bettler. Ein feindseeliger Geist der neuesten Literatur nämlich hat diese dreyfache Schnur: die Untüchtigkeit der Leser, die Verzweifelung der Verleger, die Verrätherey unserer Kunstrichter blos darum geflochten, um das ganze Geschlecht unserer Schriftsteller, wie eine Drossel zu fangen – –

Leser und Autor sind der Herr, oder vielmehr der Staat, dem ein Kunstrichter zu dienen sich anheischig macht. Zu dieser Würde eines Kunstrichters gehören entweder zwo Schultern, die Ajax in der Iliade zum Muster darstellt, oder ein Mantel, den man auf beyden Axeln zu wechseln weiß. Die heroischen Zeiten sind an Riesen, und die philosophischen an Betrügern fruchtbar.

Ruthe und Zucht ist die wahre Liebe, die Leser und Freunde erziehen muß. Wenn unsre Kunstrichter selbst im Stande wären, so oft sie Leser abgeben, auf ihr Herz wachsam zu seyn: so würden sie die Seele ihrer Brüder tiefer auszuholen wissen. Ein alter Knabe, der seine eigene Hand nicht lesen kann, der das nicht versteht, noch behält, was er selbst schreibt, übernimmt sich gleichwol jede fremde Schrift aus dem Stegreif aufzulösen. Und wie geschieht das? Weil er sich auf Leser verläßt, die eben so unwissend und eben so naseweise, als er selbst ist, denen man jeden blauen Dunst für Wolken, und jede Wolke für eine Juno verkaufen kann.

Blindheit und Trägheit des Herzens ist die Seuche, an welcher die meisten Leser schmachten, und das heimliche Gift dazu mischen unsere feinste Kunstrichter am gröbsten; weil ihre Beichtpfennige durch die Schoossünden der Leser und die öffentliche Ausbrüche der Schriftsteller zunehmen, die daher immer die Zeche bezahlen und den Kürzeren ziehen müssen.»

Und wenn bitteschön das Publikum ein Pfau ist? «Wenn das Publicum ein Pfau ist; so muß sich ein Schriftsteller, der gefallen und die letzte Gunst erobern will, in die Füße und in die Stimme des Publici verlieben. Ist er ein Magus, und nennt die Antike seine Schwester und seine Braut, so verwandelt er sich in die lächerliche Gestalt eines Kuckucks, die der große Zeus annimmt, wenn er Autor werden will.

Schriftsteller und Leser sind zwei Hälften, deren Bedürfnisse sich aufeinander beziehen, und ein gemeinschaftliches Ziel ihrer Vereinigung haben, wo Fülle und Hülle, Blöße und Hunger vier Räder, und Rad im Rade ein einziges Rad sind, anzusehen wie der Augapfel eines Zeisignestes; denn das ästhetische Geheimnis der schönen Natur heißt in Schäfererzählungen ein Stein der Weisen, in Zergliederungen Schaam, in der Erfahrung aber das liebe Kreuz.

Vermittelst der Magie plündert der Schriftsteller Kabinet und Bibliothek, verstümmelt Bücher und Gemälde, um ein Kind des Himmels mit Lumpen zu kleiden, und in eine liebe Frau von Loretto zu verwandeln, in die sich seine Leser verlieben, wenn es ohne Zauberei möglich ist, daß sich ein Leser in ein ausgestopftes Bild verlieben kann, welches ohne von dem Üblichen in den Kennzeichen abzuweichen, das wesentlichste Kennzeichen nicht hat, ohne Narbe und ohne Seele ist. Anstatt der Wolken in seinen gemalten Begriffen umgiebt der Schriftsteller den lumpenreichen Mieder seines Buches mit einem Gürtel, schön als der Thierkreis.

Die Idee des Lesers ist die Muse und Gehülfin des Autors; die Ausdehnung seiner Begriffe und Empfindungen der Himmel, in den der Autor die Idee seines Lesers versetzt und in Sicherheit bringt, den Mann im

Monde vorbey — den Ring Saturns vorbey — die Milchstraße vorbey — in solcher unermäßlichen Ferne, daß von der Idee des Lesers nichts als ein Zeichen in Wolken übrig bleibt.»

Die Genealogie der Gefängnismoral

>Quod erat demonstrandum
>EUKLID

Es wäre wirklich übertrieben zu behaupten, Tinius habe mit der gleichen stoischen Wangenruhe den langjährigen Prozeß vor seinen weltlichen Richtern wie den vor den Hohepriestern durchgestanden (bzw. durchgesessen). Pfarrersröcke machten keinen Pfarrer. In der damaligen Zeit erst recht keinen Märtyrer. Waren eher hinderlich. Das beruhigte. Aber die nahe Aussicht, einen schlecht klimatisierten Tod in einer staubigen Zelle, wie in einer Schatulle weggeschlossen, zu erleben, schien ihm angesichts der zu erwartenden Tristesse und schmutzigen Dunkelheit für sein aufgeklärtes Jahrhundert nicht nur semantisch falsch, sondern auch ganz individuell überaus schmerzlich, weil die Bibliotheken dieser öffentlichen Institute in der Regel schlecht sortiert waren und zumeist nur ein Buch zur reinigenden Lektüre bereithielten. Sein Verhalten spiegelte diese Einsicht, als er sich exstandesgemäß auf die apostolische Kunst des Briefeschreibens besann, um die Zeugen vor Gericht ein wenig zu missionieren. Hinter diesen Briefen maskierte sich nicht die eingestandene Schuld, wie vielfach angenommen, sondern nur die Angst vor der drohenden bücherlosen Zeit.

Zunächst wandte er sich an einen Studenten seiner Gemeinde, der im eigenen Namen die Erinnerung an den Sündenfall des Menschengeschlechts (durch eine Frau, die aus der Rippe... Sie kennen ja die Geschichte) gespeichert hatte.

Hochgeschätzter Freund Adami,
ich bin durch ein gottloses Mensch als Missetäter angegeben worden. Es könnte sein, daß ich mich auf Ihr Zeugnis beriefe und Sie von dem Kreisamte zur Aussage vorgefordert würden. Wollten Sie also folgendes bezeugen: daß Sie den Montag früh den 8 Febr. gleich nach 8 Uhr vom schwarzen Brette herausgekommen, wo Sie hatten sehen wollen, was Neues angeschlagen sei. Es sei an dem Tage gewesen, wo die Kuhnhardtsche Mordgeschichte bekannt geworden und deshalb sei Ihnen der Tag auch erinnerlich. Dort hätte Sie mich gesehen und mit mir einige Worte gewechselt. Folglich könne ich auch nicht zu der fraglichen Stunde am Kuhnhardtschen Hause gewesen sein.
Mein Vorrat an Dank ist groß. Mit größter Hochachtung bin ich indes jederzeit Ihr ergebenster
　J. G. Tinius.

Beunruhigt von der geringen Standhaftigkeit und Glaubwürdigkeit, die dem Adamsgeschlecht eigen, ersuchte er den Küster Wetzel um einen entsprechenden Liebesdienst:

Hochedler Herr!
Sie wissen um die ehrlose Verleumdung meiner Person. Um mich von allen Verleumdungen frei zu machen, brauche ich Zutrauen von aufrechten Menschen. Ich habe zwar für die erste Hälfte der neunten Stunde in der Kuhnhardtschen Geschichte einen Zeugen, aber ich brauche noch einen der gültig ist. Bezeugen Sie bitte, Sie hätten mich in fraglicher Stunde in der oberen Gasse zusammen mit dem Studenten Adami gesehen. Ob Sie sagen sollen mit oder ohne Mantel hängt davon ab, was der Student Adami ausgesagt hat.
Ich werde Sie mit Kräften entlohnen. Ihr ergebenster
J. G. Tinius.

Hochwerter Freund.
Sollte die Schmidtsche Geschichte mit hineingezogen werden – welches man jetzt gar nicht äußern darf – und sollte der Magister Henrich darüber befragt werden, so soll er sagen, was ich ihm im eingeschlossenen Zettel geschrieben habe, denn so war es, wie ich mich erinnere und so müssen wir konform bleiben.
Ihr J. G. Tinius.

Alle Kassiber wurden von den Gerichten abgefangen und gegen Tinius verwandt, der sich jetzt zusätzlich mit der Mordanklage im Fall Schmidt, den er selbst ins Spiel gebracht hatte, konfrontiert sah. Ohne Eingeständnis der eigenen Schuld wurde er vom Gericht in zweiter Instanz aufgrund erdrückender Indizien unter Berücksichtigung der langen Untersuchungshaft und des hohen Alters zu zwölf Jahren Zuchthaus verurteilt. 1823 trat der beinahe sechzigjährige Johann Georg Tinius seine Haftstrafe an.

Ohne Zweifel war es von Vorteil, daß Tinius es gewöhnt war, sich den Umständen anzupassen, sonst hätte er diese Zeit ohne Bücher kaum überstanden. Oft lag er stundenlang auf dem harten Nachtlager und blätterte in seiner riesigen Gedächtnisbibliothek. Morgens schrieb er dann mit bleierner Konzentration auf dem geringen Papiervorrat, den ihm die Strafanstalt gewährte, seine Bücher über die letzten Dinge. In schwermütigem Stil tanzte die Feder einen bedächtigen orgiastischen Reigen, und wenn es besonders hoch herging, tippte Tinius sogar ausgelassen mit dem linken Fuß den apokalyptischen Takt.

Als er einmal besonders beschwingt den Takt klopfte, fragte ihn sein Zellennachbar, von dem er immer nur die fleischigen Hände sah, wenn er aus dem vergitterten Fenster hinauslugte, nach der Melodie. Tinius, der in den ersten zehn Monaten seiner Gefangenschaft kaum Laute von sich gab, kam mit ihm ins Gespräch. Er, ein einfacher Fleischergesell (bitte, wir haben doch keine Vorurteile), hatte seine Frau auf eine recht unfreundliche Weise zu Tode gebracht und mußte nun seinerseits mit dem Schlimmsten rechnen. War es da nicht die Pflicht eines Tinius, diesem Menschen den eigenen reichen Schatz an Erfahrung zur Verfügung zu stellen? Und hatte er nicht auch noch mit den Gerichten eine kleine Rechnung offen?

Tinius war ein großartiger Verteidiger. Eigens, um mit seinem Mandanten ungestört verhandeln zu können, erfand er einen geheimen Klopfcode, den er seinem Nachbarn zuspielte. Dazu intonierte er ein lautes Wanderlied, damit die Wärter nicht Verdacht schöpften.

Hier das Tinius-Alphabet:

```
a_.     ä_._.    b..._    c._._    ch....
d.__    e_       f__._    g.._     h____
i__     j_...    k._.     l_.__    m..
n._     o...     ö_...    p_.._    q__._
r_._    s___     t.       u__.     ü__..
v___.   w.._     x.__.    y._..    z.._ _
```

Die erste Botschaft aus eigener Erfahrung lautete so:

..._ _ ___ . _ .... _ ._ ___ __ _

._. _ __ ._ _ ..__ _ __. ... _ _ ._

Die wichtigste Verteidigungsstrategie (denken Sie sich jetzt eine besonders eingängige Melodie) hieß:

..._ _._. _ __ ... _ ._ ___ __ _

..._ _ __ __ ____ _._ _ _._

_ _._ ___ . _ ._

_. __. ___ ___ _. ... _

Sein roher Nachbar brauchte lange, bis er das Alphabet beherrschte. Oft transportierte Tinius die neue Botschaft auch einfach in einer vertrauten Melodie, wenn die Wärter in ihrer Stube laut Karten spielten. Jetzt singt er wieder, sagten sie dann und hauten ihre abgefingerten Spielkarten mit unfeinem Schwung auf den Tisch. Als überdurchschnittlich begabter Mensch verließ der Schlachter nach sechs Jahren Untersuchungshaft Tinius und das Gefängnis. Seiner Frau und aller Sorgen ledig. Er bestieg sofort einen Zug und das erstbeste Schiff nach Amerika, wo er einem gewissen Samuel Morse für zwei Abendessen dieses Alphabet verkaufte. Tinius aber blieb noch fünf Jahre in seiner Zelle, schrieb seine Bücher zu Ende und wartete auf den Tag, an dem die Schatulle auch für ihn aufging. (Was soll man mehr bewundern, die selbstlose Hilfsbereitschaft des Johann Georg, den glücklichen Erfindergeist – war er nicht ein sächsischer Leonardo – oder die grandiose Gedächtnisleistung? Ich weiß es wirklich nicht.)

Er packt alles ein und fliegt auf dem zehnten Teppich davon

> In diesem Sinne ist die Wollust eine reine Erfahrung, Erfahrung, die in keinen Begriff eingeht, die blind Erfahrung bleibt.
>
> Emmanuel Levinas

Falk Reinhold saß in seinem papierwattierten Arbeitszimmer. Nur zwischen zwei schadhaften Lamellen drang ein lärmender Ton der Erinnerung an die Welt da draußen in die innere Klause. Reinhold besaß kein Sensorium mehr dafür. Alle äußeren Einflüsse wurden umgeleitet. Selbst sein Magen hatte sich längst in das Gehirn zurückgezogen, weil die einzige Kost, die Reinhold seinem Körper noch zuführte, in geistiger Nahrung bestand, die oft schwer im Hirn lag wie ein fetter Fisch. Das, was das Pfauenpublikum beschäftigte, nahm er überhaupt nicht mehr zur Hand. Hierin lebte er strenge Diät. Dafür saugte er die Texte von Tinius und anderen ein und schlug mit dem Papier nach der Welt draußen wie nach Stubenfliegen. Falk Reinhold suchte die Anspielung im Text, das Sagen im Ungesagten, und deshalb packte Reinhold alles in den Computer ein, indem er strichgenau die Bewegung jedes Textes nachfuhr, der Gefahr bewußt, sich selbst im Text zu zerstreuen.

Wichtiger als er selbst, aber auch wichtiger als der Autor Tinius war längst die Lust an den Texten geworden. Weder von Tinius noch vom Sinn ließ er sich zensieren, als er die Schrift erspürte. Zärtlich betastete er jede Windung, streichelte behutsam die oft gichtigen Gelenke der Texte. Hier vollzog sich die Entdeckung der Langsamkeit: im zärtlichen Betasten der Wundmale, Muttermale und Denkmäler der Schrift. Dann aber, nach dem Vorspiel, kam es, zuweilen abrupt, zur wollüstigen Umarmung. Im Fleischlichen der Zärtlichkeit verloren der Text und sein Leser ihren aufrechten Gang. Beide tauchten ein in das liebkosende Spiel und alberten herum wie dumme Gänse. Lächerliche Wonnen des Lasziven, bis Falk Reinhold ganz eintauchte und sich im Text ergoß. Falk Reinhold, der scheinbar Unfruchtbare, zeugte Text um Text. Seine Lust am Text, diese unstillbare Begierde nach anderem, erfüllte sich jeweils in einer neuen Textgestalt. Auch heute. Der neue Text, das war Falk Reinhold, und das war er nicht. Anders und er selbst. Aus sich selbst heraus unerklärbar, hatte Falk in der Wollust der Lektüre Kinder gezeugt. Neun Stück. Keine langweiligen Wiederholungen, sondern jeder neue Rausch, jede Ekstase zeugte neue fremdvertraute Gestalten. Immer Falk, immer anders, aber noch in den Gebärden der Texte erkannte er sich wieder. Alle Glieder dieser Textgestalten bestanden beinahe nur aus Zitaten und zeugten damit von der Zerstreuung, von der lustvollen Entsockelung (vielleicht taugen heute viele Texte deshalb nicht, weil die Herren Autoren beim Nucleus zugegen sein und immer den Kopf oben behalten wollen: Diese Stellung taugt aber nicht für die blinde Erfahrung der Wollust am Text. Wenn ich einmal richtig deutlich werden darf: Kopf runter und hinein ins Vergnügen der Texte) und waren doch nicht ohne Bedeutung. Falk Reinholds Zeugungen waren die fraulichsten Zeugungen, die sich denken ließen. Sie waren sein literarisches Vermächtnis. Ob es jemals Testamentsvollstrecker geben würde, war ganz ungewiß. (Sie verstehen doch diese leicht rhetorische Anspielung auf Ihr Geschäft als Leser?)

Falk Reinhold wurde also neun Mal Vater, während er sich in den Weltaltern der Texte verlor. Im zehnten Zeugungsakt entdeckte er das Geheimnis der Lektüre, behielt es, mit einem Blick auf das Publikum, für sich und flog auf dem zehnten Teppich glücklich davon. Nur eine Postkarte an einen Herrn Derrida läßt hoffen, daß er irgendwo gelandet ist. Sagen wir, um die Schwierigkeit der Materie anzudeuten: Falk Reinhold entdeckte eine heiße Spur, und man erahnt nur an den letzten Computernotizen, wie es zu dieser Entdeckung gekommen sein könnte. Es dürfte etwa so gewesen sein.

Seit Wochen war sich Falk Reinhold seiner Sache sehr sicher. Das einzige Thema des Johann Georg

Tinius, das diesen seit mehr als fünfzig Jahren beschäftigt hatte, war die Lehre von den letzten Dingen gewesen. «Der jüngste Tag, wie und wann er kommen wird», diese Schrift von 1836 war sein Hauptwerk gewesen, und die anderen Bücher waren nur noch Ergänzungen zu diesem Buch. Fraglos. Denn es erschien genau in jenem Jahr, das nach den Berechnungen des von Tinius hoch geschätzten Theologen Bengel das Ende der Welt einläuten sollte. Tinius' Buch, so entdeckte Falk, war gleichsam der Kommentar zum ausgebliebenen Weltende. Es erklärte die Parusieverzögerung mit überaus glaubhaften Argumenten. (Im Lauf der Jahrhunderte hatte man diese Kunst beachtlich kultiviert.) Und dann geschah es. (Mutmaßlich.) Falk Reinhold wurde vom Text angeschaut. Gleichsam erschrocken und bezaubert starrte er in sein Gesicht. Es war die Schlußkadenz des Buches, die ihn augenzwinkernd anlächelte:

Nacht ist worden in der Welt	**N**
Zeichen hast du aufgestellt	**Z**
Heute noch vergeht die Welt	**H**
Engel hast du dir erwählt	**E**
Und das neue Himmelszelt	**U**
Nichtet bald die alte Welt.	**N**

Ein chiffriertes Akrostikon: **N**eunzehn**h**undert**e**in**u**nd**n**eunzig. Das war die Lösung. In diesem Jahr also. So lautete die Prophezeiung von Johann Georg

Tinius, und Falk Reinhold hatte sie entziffert. Schnell holte sich Falk die sechs Vorboten aus der Schrift von 1836 auf den Bildschirm: Häuser werden brennen, Berge werden einstürzen, Menschen werden Menschen schlachten, Seuchen werden wüten, Gesetze werden fallen, falsche Herrscher werden aufstehen. Ein wirklich apokalyptisches Szenario. Gab es bereits Anzeichen?

Falk Reinhold stand auf. Vorsichtig hob er eine Lamelle an und spähte nach draußen. Es schien alles normal. Eine tiefstehende Sonne bestrahlte das gegenüberliegende Haus. Unten auf der Straße quälten sich die Autos durch den drohenden Feierabend. Eine Mutter stand am Ende der lichten Geschäftspassage und ließ sich von ihrem Kind die neuesten Computerspiele erklären. Zwei Hunde verrichteten an einem der wenigen Bäume ihr Geschäft. Nichts. Gar nichts deutete auf ein nahes Weltende hin. Reinhold trat vom Fenster zurück. Lange suchte er, bis er sein Transistorradio hinter zwei dicken Folianten fand. Er schaltete es ein. Es dauerte, bis er den Nachrichtenkanal gefunden hatte. Dann aber traute er, Reinhold, seinen Ohren kaum. Er hörte es wie eine kanalisierte Botschaft. Von brennenden Häusern und fliegenden Steinen, Rufmord und Fremdenhaß, Feigheit und Angstschweiß war da die Rede. Nicht direkt hier, aber auch nicht drüben.

Falk Reinhold setzte sich gelassen wieder vor den erleuchteten Spiegel seines Computers. Nur er hatte es verstanden. Der letzte Zivilisierte. Die zivilisierte Welt war untergegangen. Mit der Hand an der Maus (nein, nicht Ratte) tanzte er durch den Bildschirm. Er, allein, nur mit seinen Texten und der Maus. Lachte albern wie die letzte dumme Gans und folgte trunken den Spuren der Texte. Wie ein postmoderner fliegender Robert ließ er auf dem zehnten Teppich die Welt unter sich zurück. Die Profanation des Geheimnisses, die sich im letzten Teppich bezeugen sollte, geschah nicht. Schaltete man den verwaisten Computer ein, sah man ihn nur noch wie den Curser am oberen Bildrand verschwinden.

Neunter Teppich:
Die Kunst zu lesen

Wie also soll man lesen?
«Jede starke Richtung ist einseitig; sie nähert sich der Richtung der geraden Linie und ist wie diese ausschließend, das heißt sie berührt nicht viele andere Richtungen, wie dies schwache Parteien und Naturen in ihrem wellenhaften Hin- und Hergehen thun: das muß man also auch den Philologen nachsehen, daß sie einseitig sind. Herstellung und Reinhaltung der Texte, nebst der Erklärung derselben, in einer Zunft jahrhundertelang fortgetrieben, hat endlich jetzt die richtigen Methoden finden lassen; das ganze Mittelalter war tief unfähig zu einer streng philologischen Erklärung, das heißt zum einfachen Verstehenwollen dessen, was der Autor sagt, – es war Etwas, diese Methoden zu finden, man unterschätze es nicht! Alle Wissenschaft hat dadurch erst Continuität und Stetigkeit gewonnen, daß die Kunst des richtigen Lesens, das heißt die Philologie, auf ihre Höhe kam.

Der Leser, von dem ich etwas erwarte, muß drei Eigenschaften haben: er muß ruhig sein und ohne Hast lesen, er muß nicht immer sich selbst und seine ‹Bildung› dazwischen bringen, er darf endlich nicht, am Schlusse, etwa als Resultat, Tabellen erwarten.

Für die ruhigen Leser ist das Buch bestimmt, für Menschen, welche noch nicht in die schwindelnde Hast unseres rollenden Zeitalters hineingerissen sind und welche noch nicht ein götzendienerisches Vergnügen daran empfinden, von seinen Rädern zermalmt zu werden – das heißt für wenige Menschen. Philologie ist jene ehrwürdige Kunst, welche von ihrem Verehrer vor allem Eins heischt, bei Seite gehn, sich Zeit lassen, still werden, langsam werden –, als eine Goldschmiedekunst und -kennerschaft des Wortes, die lauter feine vorsichtige Arbeit abzuthun hat und Nichts erreicht, wenn sie es nicht lento erreicht. Sie selbst wird nicht so leicht irgend womit fertig, sie lehrt gut lesen, das heißt langsam, tief, rück- und vorsichtig, mit Hintergedanken, mit offen gelassenen Thüren, mit zarten Fingern und Augen lesen. Philologe, das will sagen, ein Lehrer des langsamen Lesens.»

Und wenn das Buch gar nicht mehr länger der Philologie als Gegenstand dient, weil der Glaube dahin ist, hinter den Zeichen, den vielen Signifikanten verberge sich noch ein Signifikat, ein Sinn, der auf den Willen eines Autors, letztlich doch auf Gott zurückgehe und in einem Buch festgehalten werden könne? Ist dann nicht auch jeder apokalyptische Ton dahin? «Die Idee des Buches ist die Idee einer endlichen oder unendlichen Totalität des Signifikanten; diese Totalität kann eine Totalität nur sein, wenn vor ihr eine schon konstituierte Totalität des Signifikats besteht, die deren Einschreibung und deren Zeichen überwacht und die als ideale von ihr unabhängig ist. Die Idee des Buches, die immer auf eine natürliche Totalität verweist, ist dem Sinn der Schrift zutiefst fremd. Sie schirmt die Theologie und den Logozentrismus enzyklopädisch gegen den sprengenden Einbruch der Schrift ab, gegen ihre aphoristische Energie und (...) gegen die Differenz im allgemeinen.»

Setzt diese säkulare Philologie aber nicht immer noch voraus, in unserem rollenden Zeitalter gäbe es den langsamen Leser, der geduldig die Spuren der Schrift verfolgt, auch wenn kein Sinn dahinter zu vermuten ist? Wirkt der langsame Leser am Ende des Gutenbergzeitalters nicht eher wie ein Mammut, auf jeden Fall wie ein wundervolles Wesen, das dazu verurteilt ist, vom Erdboden zu verschwinden?

> Wie wundervoll sind diese Wesen,
> Die, was nicht deutbar, dennoch deuten,
> Was nie geschrieben wurde, lesen,
> Verworrenes beherrschend binden
> Und Wege noch im Ewig-Dunkeln finden.

Noli me tangere

> Wenn man den Leuten nur begreiflich machen könnte, daß es mit der Sprache wie mit den mathematischen Formeln sei — sie machen eine Welt für sich aus.
>
> NOVALIS

Die Schatulle sprang auf. Tinius kroch, steif geworden, heraus, packte den Stoß seiner noch unveröffentlichten Manuskripte zusammen, klopfte den zähen Staub aus den Hosen und kehrte in die Welt, in der er nie heimisch gewesen war, zurück. (Sie vermissen immer noch Welthaltigkeit? Für Tinius machten die Bücher eine Welt für sich aus, fast so wie mathematische Formeln. S. o.) Überall, wo er wie Kain über die Dörfer zog, schob sich sein Ruf gleich Wanderdünen vor ihm her, und durch den körnigen Schleier hindurch sah er immer nur dunkle Schemen, die sich, sobald sie ihn erkannten, abrupt von ihm abwandten. Fünf Jahre streifte Tinius umher, bis sein Alter ihn zwang, Wohnung zu nehmen. In Graebendorf, unweit von Dubrow, bezog er bei einem weitläufigen Bekannten Quartier, dem Maurer Schiepan, den entweder die Aufklärung oder die Nächstenliebe zu dieser Menschenfreundlichkeit bewegte. Küster und Pfarrer gewährten Freitische.

Es hatte sich also seit seiner Studentenzeit nicht viel verändert. Nur gab Tinius sich jetzt selbst zum Besten, war er doch längst seine eigene Legende geworden. Auch die vom Gericht nicht nachgewiesenen Straftaten erzählte er so blutvoll – ohne jeden lästigen Konjunktiv –, als sei er selbst dabeigewesen. Auf ein Stichwort hin konnte er noch den dünnsten Gerüchten ein Skelett einziehen und alle Wachstumsfugen der Geschichten mit eigenem Erzählfleisch auspolstern. Sagen wir: Johann Georg Tinius hauchte den pasteurisierten Erzählungen neues Leben ein, die dann so quirlig im Dorf umhergingen, daß das bäuerliche Leben oft außer Atem geriet und vor allem den Damen gehörig schwindelte, wenn ihnen Kinder oder Liebhaber einen Blumenstrauß schenkten, den sie mit gelenkstarren Armen vor den Bauch hielten und dabei ihre Nase aus dem Duftzug herausdrehten, als hätten sie einen chronisch steifen Nacken.

Auch die kleinen Seminare, in die die Freitische in der Regel mündeten, hielten die Besucher bei Laune und schleiften sie mit auf geistige Fallhöhen. Weil Tinius seit fünfundzwanzig Jahren kein wissenschaftliches Buch studiert und nach dem Zwangsverkauf seiner Bibliothek auch keines mehr besessen hatte, hörten sich die Exkurse zwar oft wie unzeitgemäße Betrachtungen an, aber immer gelang es Tinius, aus den von den anderen Baumeistern inzwischen herausgerissenen Rippen eine Gestalt zu bauen, die in ihrer seltsamen Vertrautheit alle bezauberte. «Wir sind nicht wert, daß wir ihm die Schuhriemen lösen.» Mit diesem Geständnis verließen in der Regel die Besucher den Freitisch. (Sehr gut belegte Quelle.)

Ebenso berühmt und umwittert wie der Temperaturhaushalt seiner Erzählungen und wissenschaftlichen Gespräche war seine unverwüstliche Gesundheit. Offensichtlich kannte dieser Schelm nicht nur die sedierende Wirkung von Wald- und Wiesenkräutern, sondern auch die lebenslang stimulierende Wirkung des Melissengeistes und, seine private Entdeckung, die gehirnstärkende Funktion des Wasserkürbis. (Leider verträgt unsere Galle diese Art von Gemüse nicht.) Kinder ritzten deshalb im Pfarrgarten mit dem Taschenmesser einen Spottvers in einen Kürbis:

> Vom Magister, dem Weisen,
> Laß ruhig dich verspeisen!
> Daß er noch lange lebe,
> vorm Tode nicht erbebe.

Natürlich wurde der Kürbis ein Riesenexemplar, und der Text wuchs sich zu einer großen Tafel aus. Und natürlich verspeiste ihn der Magister. Ob er aber vor dem Tod nicht doch erbebte, ist zumindest zweifelhaft. Nur einmal soll er einer ehrgeizigen Mutter, die sich ihre Kinder etwas strebsamer und klüger wünschte, gesagt haben: «Wünschen Sie das nicht, liebe Frau! Das war gerade mein Unglück, daß ich so klug war und immer noch mehr wissen und immer klüger werden wollte! Es wäre mir besser gewesen, man hätte mich als Hütejungen bei meinen Schafen gelassen; so wäre ich wie mein Vater ein ehrlicher Schäfer geworden.» (Diese Quelle allerdings ist schlecht belegt.)

Ein ungelöstes Rätsel blieb allen Einwohnern in Graebendorf, woher Tinius das Geld für seinen bescheidenen Unterhalt bezog. Er selbst gab stets zur Antwort, er sei noch immer Logenbruder der Freimaurer, die ihm eine bescheidene lebenslängliche Pension ausgesetzt hätten. Zwar gab es immer wieder Gerüchte, er sei ein Adept, aber weil Geistliche Geheimbünden nicht beitreten durften, vermuteten immer alle, es handle sich um eine kleine Jahresrente, die seine alte Heimatgemeinde ihm zahle. Zweimal im Jahr ging Tinius in einem neunstündigen Fußmarsch nach Berlin, um die Gelder zu erheben. Postkutschen mied er. (Natürlich.) Ohne Stock und Waffe schritt er meilenweit über das Land und durch den einsamen Forst. Angesprochen auf drohende Gefahren, rezitierte er den 23. Psalm: «Der Herr ist mein Hirte; mir wird nichts mangeln! Er führt mich auf rechter Straße, um seines Namens willen! Und ob ich schon wanderte im finstern Tal, fürchte ich kein Unglück, denn Du bist bei mir; Dein Stecken und Stab trösten mich.» (Gut belegte Quelle.)

Das dunkle Tal des Todes erwartete ihn am 24. September 1846. Zwei Tage zuvor hatte er ganz gegen seine Gewohnheit nur brütend am Freitisch gesessen und nichts zu sich genommen. Als er am nächsten Tag nicht erschien, schickte der Pfarrer seine älteste Tochter mit einem Essenskorb (nein, nicht durch den Wald) zu ihm. Sie klopfte, hörte eine undeutliche Stimme und trat ein. In der Mitte des kargen Zimmers stand Magister Tinius mit erhobenen Händen, einem altrohen Angesicht und deklamierte zitternd in einer dem Mädchen unbekannten Sprache Verse. Als sie ihn aus seiner wirren Trance herausrief, schaute er sie mit zur Abwehr erhobenen Händen entsetzt an: «Sehen Sie mich nicht so an, Fräulein, sehen Sie mich nicht so an. An mir ist nichts Gutes; weder innen noch außen. Es ist alles schlecht, alles... alles.» (Welch herrlicher physiognomischer Satz. Und wie selbstkritisch!) Er taumelte, die Füße drohten einzuknicken. Das Mädchen schob ihm einen Stuhl unter, auf dem er sofort zusammensank. Dann verließ sie ihn laut schreiend. (Das Schreien ist durchaus verständlich. So sehen Großväter in der Regel auch nicht aus.)

Auf den Bericht seiner Tochter hin eilte der Pfarrer herbei und traf auf ein verriegeltes Zimmer. Mit dem Ohr an der Tür fragte er Tinius nach seinem Befinden. Es war eigentlich metaphysisch gemeint, aber Tinius sprach nur kurz von einem Schwindelanfall, der sich inzwischen schon wieder gelegt habe. Sorge sei unbegründet. Die Situation wäre für eine evangelische Beichte ideal gewesen, und der Pfarrer hatte auch bereits genau die richtige Haltung eingenommen, aber es fehlte dem anderen an Text. Entweder wollte er ihn nicht sagen, oder aber er hatte nichts zu sagen. Der Pfarrer wartete lang, sagte dann: Gott befohlen, um vielleicht durch die Nennung der entscheidenden Vokabel ein Schuldbekenntnis hervorzulocken, aber Tinius erwiderte mit schwacher Stimme den gleichen Gruß und verhielt sich ruhig. Erst als ein prickelnder Rückenschmerz den Pfarrer aus seiner horchenden Haltung auffahren ließ, gab er den Versuch auf und stieg ohne ein weiteres Wort die schmale Treppe nach unten.

Am anderen Tag fand der Maurer Schiepan den Magister, vollständig angekleidet, tot in der dämmrigen Wohnstube. Auf seinem Gesicht entdeckte man seltsame blaue Flecken. Natürlich glaubten die Dorfweiber an einen Giftselbstmord, der den Magister vor Reue bewahren sollte. Die Männer machten kein Aufsehen davon, verzichteten auf Arzt und Obduktion und sargten ihn ein. Auf dem Gottesacker hinter der Kirche in Graebendorf bestattete der Pfarrer, dessen Freitischgast Tinius jahrelang gewesen war, seinen ehemaligen Kollegen, der keinen Gottesdienst jemals versäumt, das Abendmahl aber immer ausgeschlagen hatte, mit christlichem Segen. Niemals wurde ein Totenschein ausgestellt. Niemand hat jemals nach ihm gefragt. Nicht einmal Kannibalen haben ihn verspeist. (Eigentlich schade.)

Fliegende Teppiche hinterlassen keine Spuren

> Und doch ist uns bewußt, daß dieser Begriff Spur seinen eigenen Namen zerstört und daß es, selbst wenn alles mit der Spur beginnt, eine ursprüngliche Spur nicht geben kann.
>
> JACQUES DERRIDA

Ich hielt seinen Trennungsbrief zunächst für eine tolle dramaturgische Idee. Falk liebte solche ästhetischen Experimente. Er lebte und liebte experimentell. Und ich habe natürlich mitgespielt. Nein. Als ausrangierter Bühnenboden habe ich mich nicht gefühlt. Immer wartete und warte ich noch auf das geheime Zeichen für meinen Auftritt. Ich kann alles spielen und bin auf alles vorbereitet. Vielleicht handelt es sich um ein Stück mit ganz anderen Raum- und Zeitdimensionen. Falk war für mich immer die Rückseite der Zeit und des Raumes. Er verwischte die Grenzen und versöhnte ganz individuell Zeit und Ewigkeit. Deshalb hat er bestimmt irgendwo überlebt. Solch ein Mensch kann nicht sterben. Ich jedenfalls halte mich bereit und probe den stummen Text. Und wenn ich ewig warten und ewig proben muß.»

«Wünschen Sie sich nicht solch einen Sohn. Das war gerade das Unglück, daß ich damals die Bibliothek von meinem Schwiegervater erbte. Bei einem so wachsweichen Jungen wie dem Falk mußten die vielen Bücher falsche Eindrücke hinterlassen. Er wollte immer mehr wissen und immer klüger werden. Warum habe ich ihn nicht damals aus der Bibliothek herausgeprügelt und alle Bücher verkauft? Es wäre besser gewesen, ich hätte ihn bei mir im Geschäft gelassen, so wäre er bestimmt wie ich ein ehrlicher Buchhalter geworden.»

«Natürlich bedaure ich den plötzlichen Verlust meines besten Kunden. Aber ich finde das dramatische Ende der Bekanntschaft auch überaus spannend. Mutmaßlich habe ich den letzten Büchernarren getroffen. Die Zukunft wird nur noch, da muß man kein Prophet sein, Computerfreaks kennen. Ich darf nicht einmal sagen, er habe *einen* Charakter gehabt, weil er viele besaß. Kam er nach einem Besuch bei mir zwei Tage später wieder in meinen Laden, dann erkannte man sehr genau, welche Buchstaben sich neu eingeprägt und welches Buch er als letztes gelesen hatte. Bei seinem ersten Besuch, ich erinnere mich noch präzise, wirkte er zwar belesen, war aber auch immer noch wie ein ziemlich unbeschriebenes Blatt. Aber nachdem er Stunden oben auf der Leiter gestanden und sich durch den Bücherberg hindurchgegraben hatte, war er mit Buchstaben bereits förmlich eingestaubt. Für mich ist der Fall eindeutig: Er ist zum letzten Buch geworden und liegt jetzt irgendwo in irgendeiner Bibliothek sicher verwahrt. Ich hoffe nur, er besteht aus säurefreiem Papier, damit er nicht irgendwann bei lebendigem Leibe zerfällt.»

«Ich als sein ehemals bester Freund hatte im letzten Jahr nur noch wenig Kontakt mit ihm. Er zog sich immer mehr in sein Schneckenhaus zurück. Warum er spurlos verschwunden ist, weiß ich natürlich auch nicht. Aber es soll ja Männer geben, die nur einmal schnell in das nächste Tabakgeschäft gehen wollen und dann...» (Ausblende. Auf diesem Niveau wollen wir den Roman nicht beenden. Der Nächste, bitte.)

«Die polizeilichen Ermittlungen haben Abgründe aufgedeckt. Eine Spur des Vermißten selbst haben wir nicht gefunden. Es gibt überhaupt keine Zeugen. Nur ein gewisser Herr Derrida hat eine Postkarte erhalten, so daß wir ein Verbrechen ausschließen dürfen. Andererseits hat die Spurensicherung in der Wohnung brisante Bücher aufgefunden, die mit einem Verbrechen in Zusammenhang stehen. Ein gewisser Prof. Bolenk wurde nach einer Bücherauktion zusammengeschlagen in einem Park aufgefunden. Die von Herrn Prof. Bolenk ersteigerten Bücher fanden sich in der Bibliothek des besagten Falk Reinhold. Auch die Täterbeschreibung paßt haargenau auf den Verschwundenen. Auf Nachfrage bestätigte

Frau Bolenk, daß Herr Reinhold sie besuchte und angab, ihren Mann zu kennen. Sie hat ihn trotz der versuchten Verkleidung eindeutig auf einem Photo identifiziert. Es besteht also ein begründeter Verdacht, bei dem Vermißten handele es sich um den gesuchten Gewalttäter an Prof. Bolenk. Ein Motiv für die mögliche Tat konnten wir bisher nicht schlüssig ausmachen. Unsere Nachforschungen ergaben, beide Bücher seien keine bibliophilen Kostbarkeiten. Sachverständige beurteilten den Inhalt der Bücher als wenig originell und als zweitklassig. Wir können uns keinen Reim darauf machen. Unsere Untersuchungen jedenfalls sind zu einem vorläufigen Abschluß gekommen. Ohne Ergebnis.»

«Als ich das letzte Mal mit ihm telefonierte, war er beim Gespräch sehr abwesend. Heute denke ich oft, ich hätte ihn doch einmal besuchen sollen. Sicherlich hat ihm die Trennung von seinem Elternhaus nicht gutgetan. Er war immer so labil. Deshalb auch fiel er auf diese degoutante Frau herein. Als ich hörte, er habe sich von ihr getrennt, schöpfte ich die Hoffnung, er würde sich stabilisieren. Vielleicht hätte ich auch gegen den erklärten Willen meines Mannes ihm einmal einen größeren Scheck senden sollen, um ihn von seinen finanziellen Sorgen zu entlasten. Leider liegt die Kaufsucht in meiner Familie. Meine Schwester kaufte sich zu jeder Saison eine ganz neue Garderobe und ruinierte ihren Mann dadurch. Es ist eine schwer therapierbare Krankheit, die bei Falk wohl auf dem Gebiet der Büchersucht ausgebrochen ist. Mein Mann jedenfalls interpretiert es so. Mein armer Junge.»

«Ich habe zunächst mit einem gewissen Interesse auf Ihren Brief hin die neun Teppiche durchgesehen. Die Idee ist nicht ohne Reiz, eine Kulturgeschichte des Lesens einmal so zu präsentieren. Die Originalität liegt gerade darin, nicht krampfhaft originell sein zu wollen. Allerdings ist die Auswahl der Zitate auch sehr konservativ. Das liegt wohl an seinem Vorbild Klemens von Alexandrien. Reinhold bleibt, das wird bei langsamer Lektüre zwischen den Zeilen überdeutlich, ein Verteidiger der Schrift. Für mich Büchermenschen ist das natürlich nicht unsympathisch. Aber es ist doch auch etwas altmodisch. Außerdem ist der Umfang sehr gering. Da ein Buch, um ein Buch sein zu können, 49 Druckseiten aufweisen muß, liegt es bei großzügigem Satz an der unteren Grenze. Eine Chance für den Absatz sehe ich nur, wenn Sie mir zugestehen würden, im Vorwort auf das mögliche Verbrechen, das sich hinter diesen Teppichen maskiert, hinweisen zu dürfen. Das wäre vielleicht durchaus in seinem Sinne.»

«Wir, seine Schwestern, spielten in seinem Leben schon lange keine tragende Rolle mehr. Falk hatte immer eine ausgeprägte Phantasie. Schon als Kind. Dort liegen die Ursachen. Beim Abendbrot verlas er den Bibelabschnitt wie ein Nachrichtensprecher. Immer, wenn er: ‹Guten Abend, meine Damen und Herren› sagte und dabei in die Runde sah, habe ich ihn wirklich gehaßt. Aber das Lächeln meiner Mutter verbot es uns, etwas dagegen zu sagen. Vielleicht hätte ich als Älteste für ihn etwas mehr an Verständnis aufbringen müssen. Aber das sagt sich bei einem Muttersöhnchen so leicht.»

«Aber ein Gewalttäter ist unser Bruder nicht gewesen. Das halte ich für völlig ausgeschlossen. In seiner Jugend hatte er viele Freunde und tat für sie wirklich alles. Überhaupt war er bei allem Lernen viel engagierter als wir. Nachdem er ins Studium gegangen ist, wurde er wohl phlegmatischer, aber meinen Geburtstag hat er niemals vergessen. Sicherlich verfolgte er irgendeine Idee, für die wir alle kein Sensorium haben.»

Irgendwann im September 1991 ging die zivilisierte Welt unter. Offensichtlich hat es niemand gemerkt. Nur Falk Reinhold. Immerhin.

Postscriptum:
Eine Postkarte an Herrn Derrida

Lieber Herr Derrida.
Da, da gibt es doch das eine Buch. Ich weiß, Sie haben die Idee des Buches über, natürlich. Aber ich bin dem Rätsel des Lesens auf der Spur. Unter einem bürgerlichen Pseudonym, in einem anständigen Verlag und ohne jeden apokalyptischen Ton werde ich die Kunst zu lesen veröffentlichen. Um Ihrem Ruf nicht zu schaden, warte ich freilich mit der Veröffentlichung bis zu Ihrer Emeritierung.
Ihr Falk Reinhold.

P. S. Bin momentan in München nicht anwesend. Sie lesen von mir.

Lateinische Zitate und Begriffe

51 *Disiecti membra poetae:* Vollständig: Invenias etiam disiecti membra poetae, d. h. Auch die aus dem Rhythmus gerissenen einzelnen Glieder verraten noch den echten Dichter. (Horaz, Satiren)

51 *Punctum saliens:* Der springende Punkt. Aristoteles bezeichnete so den Fleck im Vogelei, der das Herz des werdenden Lebens sei und hüpfe und springe.

76 *Habent sua fata libelli:* Vollständig: Pro captu lectoris habent fata sua libelli, d. h. Ganz wie der Leser sie aufnimmt, so haben Büchlein ihr Schicksal. (Terentianus Maurus, Carmen heroicum)

131 *Reservatio mentalis:* Der Gedankenvorbehalt (des Eidleistenden) findet sich zuerst bei dem Jesuiten Hermann Busenbaum (1600–1668)

134 *Index librorum prohibitorum:* Amtliches Verzeichnis der vom Apostolischen Stuhl verbotenen Bücher; erstmals 1559 erlassen.

148 *Quis leget haec?:* Wer soll das Zeug lesen? (Persius Flaccus, Satirae)

160 *Quod erat demonstrandum:* Was zu beweisen war; geht auf Euklid zurück und steht am Ende seiner Beweisführungen.

175 *Noli me tangere:* Rühre mich nicht an; die Worte des auferstandenen Jesus zu Maria (Joh. 20,17)

Die Teppiche

Die in den «Teppichen» verwendeten Textauszüge sind nach den unten genannten Ausgaben zitiert.

Teppich 1

Platon: Sämtliche Werke, in der Übersetzung von R. Rufener, Zürich, München 1974; hier: Zitat aus Phaidros.
Titus Flavius Klemens von Alexandrien: Die Teppiche, deutscher Text nach der Übersetzung von Franz Overbeck, Basel 1936.

Teppich 2

Johann Georg Hamann: Sämtliche Werke, Wien 1957, hier: Bd. 1.
Erich Rothacker: Das «Buch der Natur». Materialien und Grundsätzliches zur Metapherngeschichte, Bonn 1979; hier viele der im zweiten Teppich eingewobenen Zitate von Herder, Böhme, Luther, von Kues, Goethe, Brockes, Silesius, Hamann.

Teppich 3

Friedrich Nietzsche: Kritische Studienausgabe, hrsg. von G. Colli und M. Montinari, München 1988; hier: Zitat aus Bd. 5, Zur Genealogie der Moral.
Søren Kierkegaard: Der Wendepunkt, Schriften Bd. 2, Hamburg o. J.
Jean-Jacques Rousseau: Emile oder über die Erziehung, übertragen von L. Schmidts, Paderborn 1975.
Immanuel Kant: Akademieausgabe, Berlin 1968; hier: Bd. VII, Anthropologie in pragmatischer Hinsicht.
Jorge Luis Borges: Gesammelte Werke, Erzählungen, Band 1, München Wien 1981.

Teppich 4

Platon: a. a. O.
Johann Georg Hamann: a. a. O.
Italo Calvino: Wenn ein Reisender in einer Winternacht, übersetzt von Burkhart Kroeber, München 1983.
Ludwig Wittgenstein: Werkausgabe, Frankfurt 1989, hier: Bd. 1.
Georg Christoph Lichtenberg: Sudelbücher, Schriften und Briefe Bd. 1, hrsg. v. W. Promies, München 1971.
Roland Barthes: Die Lust am Text, übersetzt von T. König, Frankfurt 1974.

Teppich 5

Johann Georg Hamann: a. a. O.
Marcel Proust: Auf der Suche nach der verlorenen Zeit, übersetzt von Eva Rechel-Mertens, Frankfurt 1980; hier: Zitat aus Die wiedergefundene Zeit.
Augustinus: Bekenntnisse, Confessiones, übersetzt und erläutert von J. Bernhard, Frankfurt 1987.
Erste Leseerlebnisse, hrsg. von Siegfried Unseld, Frankfurt 1975 (© Stephan Hermlin, © Karin Struck).
George Steiner: Von realer Gegenwart. Aus dem Englischen von J. Trobitius, München, Wien 1990.
Erste Leseerlebnisse, a. a. O. (Peter Weiss, Peter Handke).
Lukas 4.

Teppich 6

Walter Benjamin: Gesammelte Schriften, Bd. IV, 1, Frankfurt 1981.
Herbert Heckmann: Essay in: Merkwürdiges und lehrreiches Leben des M. Johann Georg Tinius, Pfarrers zu Poserna in der Inspektion Weißenfels. Von ihm selbst entworfen. Berlin o. J.
Gerard Genette: Paratexte: das Buch vom Beiwerk des Buches, übersetzt von Dieter Hornig, Frankfurt 1989; hier Zitate von Furetière und Umberto Eco.
Roland Barthes: a. a. O.

Teppich 7

Matthäus 28
Peter Handke: Fragment über die Heilige Schrift, in: Langsam im Schatten, Frankfurt 1992.
Aristoteles: Poetik, Hamburg 1958.
Johann Georg Hamann: a. a. O., Bd. 2.
George Steiner: Von realer Gegenwart, a. a. O.

Teppich 8

Johann Georg Hamann: a. a. O., ein Cento aus Bd. 2.

Teppich 9

Friedrich Nietzsche: a. a. O.; hier: Zitat aus Bd. 2 Menschliches Allzumenschliches.
Weitere Nietzsche-Zitate nach R. Fietz: Medienphilosophie. Musik, Sprache und Schrift bei Friedrich Nietzsche, Würzburg 1992.
Jacques Derrida: Grammatologie, Frankfurt 1974.
Hofmannsthal, Hugo von: Der Tor und der Tod, in: Gedichte, Dramen 1, Gesammelte Werke Bd. 1, Frankfurt 1979.

Von Johann Georg Tinius verfaßte Schriften

Merkwürdiges und lehrreiches Leben des M. Johann Georg Tinius, Pfarrers zu Poserna in der Inspektion Weißenfels. Von ihm selbst entworfen. In: Herrn Professors Joh. Georg Eck, biographischen und litterarischen Nachrichten von den Predigern im Kurfürstl. Sächsischen Antheile der Grafschaft Henneberg besonders abgedruckt. Halle 1813. (Neudruck: Friedenauer Presse, Berlin o. J. Hrsg. und mit einem Essay versehen von H. Heckmann.)

Biblische Prüfung von Brenneckes Beweis: Daß Jesus nach seiner Auferstehung noch 27 Jahre auf Erden gelebt. Zeitz 1820. (2. Auflage Bautzen 1845)
Der jüngste Tag, wie und wann er kommen wird. In physischer, politischer und theologischer Hinsicht aus der Bibel erklärt. Zeitz 1836.
Sechs bedenkliche Vorboten einer großen Weltveränderung an Sonne und Erde sichtbar. Weimar 1837.
Die Offenbarung Johannis durch Einleuchtung, Übersetzung, Erklärung allen verständlich gemacht. Leipzig 1839.

Verlag und Autor danken dem Carl Hanser Verlag für die freundliche Abdruckgenehmigung von Passagen aus:
Jorge Luis Borges: Das unerbittliche Gedächtnis. Aus: Gesammelte Werke, Erzählungen, Bd. 1. Nach der Übersetzung von Karl August Horst, bearbeitet von Gisbert Haefs. München Wien 1981
George Steiner: Von realer Gegenwart. Aus dem Englischen von Jörg Trobitius. München Wien 1981

dem Suhrkamp Verlag für die freundliche Abdruckgenehmigung von Passagen aus:
Peter Handke: Langsam im Schatten. Frankfurt 1991
Walter Benjamin: Gesammelte Schriften. Bd. IV, 1. Frankfurt 1981
Roland Barthes: Die Lust am Text. Frankfurt 1974
Jacques Derrida: Grammatologie. Frankfurt 1974
Peter Weiss: Erste Leseerlebnisse, hrsg. v. Siegfried Unseld, Frankfurt 1975

dem Verlag Friedenauer Presse für die freundliche Genehmigung zur Verwendung der Titelgestaltung auf Seite 150

sowie Stephan Hermlin und Karin Struck für die freundliche Genehmigung zum Abdruck ihrer Texte aus Erste Leseerlebnisse. Frankfurt 1975